INHALT

Costa del Sol um Málaga → S. 64

W0189437

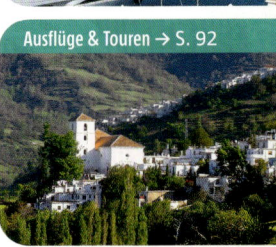
Ausflüge & Touren → S. 92

Reiseatlas → S. 122

GUT ZU WISSEN

KARTEN IM BAND
(124 A1) Seitenzahlen und Koordinaten verweisen auf den Reiseatlas und die Málagakarte auf Seite 130/131
(0) Ort/Adresse liegt außerhalb des Kartenausschnitts
Es sind auch die Objekte mit Koordinaten versehen, die nicht im Reiseatlas stehen
(U A1) Koordinaten für die Karte von Granada im hinteren Umschlag

UMSCHLAG HINTEN:
FALTKARTE ZUM
HERAUSNEHMEN →

FALTKARTE 🗺
(🗺 A–B 2–3) verweist auf die herausnehmbare Faltkarte
(🗺 a–b 2–3) verweist auf die Zusatzkarten zu Granada und Málaga auf der Faltkarte

Die besten MARCO POLO Insider-Tipps

Von allen Insider-Tipps finden Sie hier die 15 besten

INSIDER TIPP ▶ Gutes Profil
Gehen Sie auf Mountainbiketour mit Christel und Francis von Almería Bike Tours! Ihr Radrevier umfasst die Sierra Nevada (Foto o.) und die Sierra de Gádor ebenso wie den Naturpark Cabo de Gata → S. 100

INSIDER TIPP ▶ Himmelsthron
Brechen Sie im Naturpark Cabo de Gata auf ins Kapvorgebirge Vela Blanca – dort bieten sich herrliche Blicke auf Buchten, Felsen und das Kap in der Tiefe (Foto re.) → S. 39

INSIDER TIPP ▶ Unter Aras und Kakadus
Es ist ein Konzert aus vielerlei Schnäbeln, das Besuchern in Almuñécar vor Ohren hält: Hier ist es nicht weit zum Vogelpark Loro Sexi → S. 104

INSIDER TIPP ▶ Zum Anbeißen!
Kosten Sie einmal die auf Deutsch als Rahm- oder Zuckeräpfel bekannten, kernig-cremigen Chirimoyas, das typische Obst der Costa Tropical → S. 44

INSIDER TIPP ▶ Dichterfährte
Folgen Sie in Granada in der Huerta de San Vicente den Spuren des großen andalusischen Dichters Federico García Lorca → S. 54

INSIDER TIPP ▶ Willkommen in der Wohnhöhle
Erkunden Sie im Sacromonte-Viertel in Granada das volkskundliche Museum Cuevas del Sacromonte. Interessant ist vor allem der exemplarische Einblick in einstige Wohnhöhlen! → S. 57

INSIDER TIPP ▶ Kein folkloristisches Geklingel
Bühne frei für Nachwuchstalente, die den Flamenco nicht von der Stange aufführen: in der Sala Vimaambi, die zu einer Künstlerwerkstatt in Granada gehört → S. 59

INSIDER TIPP ▶ Avantgarde in der Wüste
Besuch im futuristischen Versuchszentrum für Solarenergie, der Plataforma Solar de Almería → S. 37

MARCO POLO

Reisen mit Insider Tipps

COSTA DEL SOL

COSTA DE ALMERÍA, COSTA TROPICAL GRANADA

ATLANTISCHER OZEAN

FRANKREICH

PORTUGAL

Bilbao

ANDORRA

Lissabon

Madrid

Barcelona

SPANIEN

Valencia

Baleare n

Sevilla

(E)

Granada

Málaga

Costa del Sol

MAROKKO

MARCO POLO Autor
Andreas Drouve

Andreas Drouve lebt seit Mitte der Neunzigerjahre als freier Autor und Journalist in Spanien und ist wie kaum ein anderer vertraut mit Land, Leuten und Mentalität. Andalusien kennt er seit seiner Studentenzeit in- und auswendig. Immer wieder fasziniert ihn das Miteinander aus Traumstränden, weißen Dörfern, Bergen, Naturparks und dem Erbe der Mauren, angeführt von der Alhambra in Granada.

www.marcopolo.de/costadelsol

Die besten Insider-Tipps → S. 4

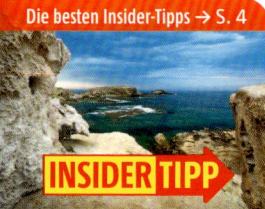

INSIDER TIPP

Best of ... → S. 6

Almería & Costa de Almería → S. 32

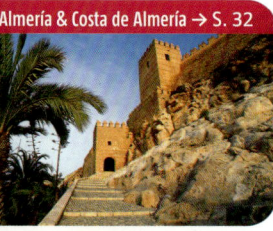

Granada & Costa Tropical → S. 44

SYMBOLE

 Insider-Tipp

★ Highlight

● ● ● ● Best of ...

☼ Schöne Aussicht

☺ Grün & fair: für ökologi-
sche oder faire Aspekte

(*) kostenpflichtige
Telefonnummer

**PREISKATEGORIEN
HOTELS**

€€€ über 150 Euro

€€ 90–150 Euro

€ unter 90 Euro

Die Preise gelten für zwei
Personen im Doppelzimmer
ohne Frühstück während der
Hauptsaison

**PREISKATEGORIEN
RESTAURANTS**

€€€ über 20 Euro

€€ 12–20 Euro

€ unter 12 Euro

Die Preise gelten für ein für
das jeweilige Lokal typisches
Tagesgericht bzw. Tagesmenü
ohne Getränke

INSIDER TIPP ▸ Nicht zum Heulen

Im Lobo Park, dem Wolfspark bei Antequera, streifen die Raubtiere durch erfreulich große XXL-Gehege. Bei Führungen durch den Park erfahren Sie viel Interessantes über Lebens- und Verhaltensweisen – oder Sie nehmen sogar, womöglich bei Vollmond, an einer der „Wolfsgeheul-Nächte" teil → S. 72

INSIDER TIPP ▸ Streng geheim

Vom „Haus des Maurenkönigs" in Ronda führt ein versteckter Felsenabgang hinunter zum Fluss Guadalevín. Einst wurde hier Wasser hinaufgetragen – so war man für den Fall einer Belagerung gerüstet → S. 91

INSIDER TIPP ▸ Spiel mir das Lied vom Tod

Pistolenschüsse, Prügeleien und wilde Pferderitte bei den Westernshows im Oasys-Park. Die Wüste in der Provinz Almería gibt das richtige Umfeld für die Westerndorfkulissen ab → S. 102

INSIDER TIPP ▸ Neujahr im August

Dass Silvester im Sommer gefeiert wird, kommt nicht alle Tage vor – aber im Bergdorf Bérchules jedes Jahr. Dann steigt die Einwohnerzahl für kurze Zeit um ein Vielfaches an → S. 107

INSIDER TIPP ▸ Dreck als Prädikat

In Tapakneipen zeugt ein schmutziger Fußboden vom Ansturm vieler Einheimischer – ein untrügliches Qualitätssiegel der Bar → S. 24

INSIDER TIPP ▸ Neue Kunst aus alten Lappen

In den Gebirgsdörfern der Alpujarra finden bunte Flickenteppiche Absatz, einst ein Abfallprodukt aus Lappen, heute ein beliebtes, ansehnliches Souvenir → S. 28

INSIDER TIPP ▸ Der Geist des großen Komponisten

Die Casa-Museo Manuel de Falla in Granada bewahrt das Erbe des Komponisten, der hier einst lebte und arbeitete → S. 55

BEST OF ...

TOLLE ORTE ZUM NULLTARIF
Neues entdecken und den Geldbeutel schonen

● *Zeitgenössische Kunst*

CAC, so lautet die gängige Abkürzung für das Kunstmuseum *Centro de Arte Contemporáneo* – und für diesen Kunstgenuss in Málaga zahlen Sie keinen Cent → S. 67

● *Kostenloser Aussichtspunkt*

Stufe für Stufe lösen Sie sich in Almuñécar von der Meereshöhe, bis Sie die Esplanade des *Peñón del Santo* erreichen. Dort oben erwartet Sie eine tolle Aussicht über die See und auf die küstennahen Berge → S. 46

● *Kunstobjekte aus maurischer Zeit*

Zeugnisse hispanomaurischer Kunst aus dem Mittelalter zeigt das *Museo de la Alhambra* im Unterbereich des Palacio de Carlos V – zum Nulltarif! → S. 52

● *Weiße Dörfer*

Andalusiens weiße Dörfer sind so etwas wie kostenlose Freilichtmuseen. Schmale Gassen und Treppenwege ziehen sich zwischen kalkweißen Hausfassaden hindurch, Pflanzenkübel und Blumentöpfe setzen Farbakzente. Besonders schön sind *Frigiliana* (Foto) im Küstenhinterland von Nerja und *Pampaneira* im granadinischen Berggebiet Alpujarra → S. 76, 94

● *Die Schlucht von Ronda*

Eine Stadt wie ein Gedicht, spektakulär über dem Abgrund der Tajo-Schlucht auf Felsmassen erbaut – *Ronda* ist ein Must in Andalusien, die kostenlos zugänglichen, haarsträubenden Aussichtskanzeln über dem Abgrund sollten Sie sich nicht entgehen lassen! → S. 91

● *Flamenco in Mijas*

Kostenlosen Flamenco erleben Sie mittwochs um 12 Uhr mittags auf der *Plaza Virgen de la Peña* in Mijas, einem der populärsten Ausflugsdörfer der Costa del Sol. Voraussetzung ist, dass das Wetter mitspielt → S. 86

● ● ● ● Diese Punkte zeichnen in den folgenden Kapiteln die Best-of-Hinweise aus

● Mächtige Burgen

Maurisches Erbstück, zu Stein erstarrt: Die weitläufige *Alcazaba,* die sich auf einem Stadthügel über Almería erhebt, war einst einer der mächtigsten Verteidigungskomplexe in Al-Andalus und führt Sie auf eine Zeitreise zurück ins Mittelalter → S. 34

● Schöne Plätze

Spanier haben ein Faible für stimmungsvolle Plätze und Promenaden, Treffpunkte par excellence, sozusagen ins Freie verlagerte Wohnzimmer. Einer der schönsten ist die *Plaza Bib-Rambla* in Granada, ein Evergreen-Treffpunkt in der Altstadt → S. 56

● Maurische Paläste

Eine zweite wie sie gibt es keine: die *Alhambra* in Granada. Spüren Sie den Spuren der Mauren zwischen Vorburg, Palastbezirk und Bädern nach, lassen Sie sich zwischen Bassins, Stalaktitenkuppeln und Säulenwäldern in eine unvergleichliche Pracht hineinziehen (Foto) → S. 50

● Ausflug ins Schneegebirge

Höher hinauf kommen Sie auf dem spanischen Festland nicht: Die *Sierra Nevada,* das „Verschneite Gebirge", türmt sich in Sichtweite von Granada auf. Mulhacén und Pico de Veleta kratzen mit knapp 3500 m Höhe an den Wolken. Eine Bergstraße führt Sie bis hinter den Skiort Pradollano; zur wärmeren Jahreszeit sind Schnee und Eis dort allerdings längst geschmolzen → S. 62

● Yachthäfen

Sporthäfen gibt es viele in Andalusien. Wenn Sie einen etwas weniger frequentierten, doch gleichwohl reizvollen suchen, merken Sie sich *Marina del Este* bei Almuñécar vor. Demgegenüber regiert nahe Marbella der absolute Chic in *Puerto Banús* → S. 48, 90

● Historisches Datum

Am 2. Januar 1492 fiel den sogenannten Katholischen Königen Ferdinand und Isabel das Schicksal zu, mit Granada die letzte Bastion der Mauren auf dem spanischen Festland zurückzuerobern. Das feiert die Stadt bis heute mit dem historischen „Fest der Einnahme", der *Fiesta de la Toma* → S. 106

TYPISCH

BEST OF ...

● *Wissenschaft hautnah*

Vor allem für Familien mit Kindern ist die Bandbreite in Granadas *Parque de las Ciencias* zwischen tropischem Schmetterlingspark, interaktiven Bereichen und Greifvogelshows interessant. Selbst bei gutem Wetter durchaus lohnend! → S. 104

● *Krokodilpark*

Ist es draußen mal etwas kühler, ziehen sich die Echsen im *Crocodile Park* von Torremolinos meist in die Hallenbecken zurück – dort können Sie sie ganz genau studieren → S. 104

● *Tapatour*

Keinem Spanier würde es einfallen, einen Abend lang in einer einzigen Bar zu bleiben. Typisch ist der Zug von Bar zu Bar, auch, um möglichst viele Häppchen durchzuprobieren. Schließen Sie sich an! Ein Tapaparadies ist Granada (Foto) → S. 60

● *Unterschlupf in der königlichen Grabkapelle*

Mit der *Capilla Real* bietet Ihnen die Altstadt von Granada einen kulturhistorischen Unterschlupf erster Güte. Prunk und Ehre gebühren Spaniens Reconquista-Royals, die hier begraben liegen: Isabella von Kastilien und Ferdinand von Aragonien → S. 53

● *Auf Tauchstation*

Gehen Sie bei Regen in Almuñécar auf persönliche Tauchstation: Im kleinen *Aquarium* werden Sie von Seesternen, Seepferdchen und anderem Meeresgetier erwartet → S. 103

● *Besuch bei Picasso*

Nicht nur für Kunstfreunde ist das in einem Renaissancepalais in seiner Geburtsstadt Málaga eingerichtete *Museo Picasso* ein Ereignis. Das Museumscafé bietet sich an, um zwischendurch eine Kunst-Pause einzulegen → S. 68

REGEN

ENTSPANNT ZURÜCKLEHNEN
Durchatmen, genießen und verwöhnen lassen

● *Ruheoase*
Auf der Terrasse, im Liegestuhl am kleinen Sommerpool, im Himmel-
bett in einem der zwölf stilvoll ländlich eingerichteten Zimmer – in der
Posada Morisca, einem Landhotel außerhalb von Frigiliana, können
Sie sich gleich an mehreren Stellen entspannen → S. 77

● *Schwebevergnügen*
15 Minuten in eine andere Welt: So lange dauert das 3-km-Schwebe-
vergnügen im *Teleférico Benalmádena,* einer Seilbahn, die Sie sanft
von der Küstenebene auf den Berg Calamorro hinaufträgt. Unterwegs
genießen Sie das atemraubende Panorama → S. 87

● *Buchtpanorama*
Wer sich im Naturpark Cabo de Gata im *Hotel Doña Pakyta* in einem
Zimmer mit Terrasse einquartiert, darf sich angesichts des Blicks über
die Bucht von San José wirklich entspannt zurücklehnen → S. 43

● *Spaß im Spa*
Freunde wohliger Wärme können auch an der Sonnenküste nicht ge-
nug kriegen und genießen Dampfbad- und Saunafreuden im *Spa* des
Hotels Villa Padierna → S. 99

● *Alhambrablick*
Der Albaicín von Granada verrät unverkennbar seinen maurischen
Ursprung: schmale Gässchen, kalkweiße Häuser. Vom Aussichtspunkt
Mirador de San Nicolás bietet sich Ihnen ein Traumpanorama auf die
Alhambra. Setzen Sie sich auf das Mäuerchen und verträumen ein
Viertelstündchen! → S. 50

● *Bank überm Meer*
Wer in Nerja Glück hat
und einen freien
Platz auf einem
der Bänkchen auf dem so-
genannten Europabalkon
(Balcón de Europa) ergat-
tert, kann entspannt das
Kommen und Gehen
betrachten. Die herrliche
Spazier- und Aussichtspromenade überm Meer ist
der beliebteste Treffpunkt
der Stadt (Foto) → S. 73

AUFTAKT

ENTDECKEN SIE DIE COSTA DEL SOL!

Immer weiter, immer höher: 15 Minuten zwischen Erde und Himmel dauert der Schwebeflug in der Seilbahn von Benalmádena, eine Reise in eine andere Welt. Weit weg von den Stränden, den Promenaden, dem Highlife um die Sporthäfen, den betonversiegelten Urlaubszentren. Der Gondelschatten gleitet über die letzten Dächer Benalmádenas, über Kiefernkronen und schroffe Hänge. Ziel der Auffahrt ist der Berg Calamorro, knapp 800 m hoch, ein Thron über der Costa del Sol. In einer Luft wie Seide breiten sich Teile der Küste auf einem natürlichen Präsentiertablett aus. Links in der Ferne greifen die Häusermassen Málagas tief ins Hinterland, am Horizont punktieren Boote das sonnenglitzernde Mittelmeer, weiter rechts im Hintergrund – ja, was ist das? Man reibt sich die Augen. Ein wenig verschwommen liegt sie im Dunst und zeigt zaghaft ihre Konturen: die Küste Marokkos.

Die Nähe zum afrikanischen Kontinent gab im Jahr 711 den Ausschlag für eine Invasion, die über Jahrhunderte Einfluss auf die Entwicklung Europas nehmen sollte: Muslimische Araber und Berber setzten auf die Iberische Halbinsel über, schwangen

Bild: Almuñécar

Dem halbseidenen Ruf zum Trotz: nach wie vor viele zauberhafte Ecken in Marbellas Altstadt

sich im Reich der Westgoten zu neuen Herren auf und blieben fast 800 Jahre. Al-Andalus – davon leitet sich der Name von Spaniens südlichster Region Andalusien ab – nannten die Mauren ihr neu erobertes Terrain. Sie führten ausgeklügelte Bewässerungsmethoden in der Landwirtschaft ein, bauten Wachtürme und Festungen, kleideten Häuser mit kühlen, farbigen Kacheln aus und brachten eine fremdartige Religion mit, den Islam. Im Zeichen Allahs entstanden Moscheen und Koranschulen, es gab Kunsthandwerkerviertel, Paläste, Bäder, Märkte. Spanien, vor allem der tiefe Süden, geriet zum Schmelztiegel der Kulturen. All diese Spuren der maurischen Hochkultur tragen heute nicht unerheblich zum Reiz einer Reise an die Costa del Sol und in ihr Hinterland bei.

Im Mittelalter war das Zusammenleben zwischen Mauren und Alteingesessenen oft von Toleranz geprägt, doch währte die friedliche Koexistenz nicht ewig: Im Norden formierte sich Widerstand, um die Eindringlinge zu vertreiben und den Islam auszurotten. Reconquista, „Rückeroberung", so nannte man den Territorial- und Glaubens-

2. Jh. v. Chr.–5. Jh. n. Chr.
Herrschaft der Römer

711
Einfall der Mauren von Nordafrika über die Straße von Gibraltar; Ausbreitung der maurischen Kultur in Andalusien

8.–11. Jh.
Erste kulturelle und wirtschaftliche Blütezeit unter muslimischer Herrschaft

13. Jh.
Beginn der Nasridenherrschaft in Granada

1492
Der Fall der Nasriden von Granada markiert das Ende der christlichen Rückeroberung („Reconquista"); vertriebene Mauren finden im

krieg, der im Lauf der Jahrhunderte immer größere Schlachtenerfolge mit sich brachte. Das maurisch dominierte Gebiet schrumpfte auf das Reich der Nasridendynastie von Granada, das sich bis an die Küste von Almería und Málaga ausdehnte und vom 13. bis 15. Jh. ein letztes Stück Hochkultur hervorbrachte. Die Alhambra, ihr „Rotes Schloss", konzipierten die Herrscher von Granada mit einer Filigranarchitektur als Paradies auf Erden.

1492 war es mit der Herrlichkeit vorbei. Boabdil, der letzte Sultan Granadas, kapitulierte vor den Truppen der Katholischen Könige Isabella von Kastilien und Ferdinand von Aragonien. Der Fall von Granada bedeutete das Ende der Reconquista.

Ohne die historischen Einflüsse der Mauren ist die Region nicht zu verstehen. Andalusien verdankt einen Teil seiner Magnetkraft dem morgenländischen Flair. Dieses verströmen auch die weißen Dörfer, Andalusiens stille Wahrzeichen, die, wie Frigiliana und Casares, von der Küste leicht erreichbar sind: Schachtelwerke aus dicht

Pflanzenpracht in Innenhöfen und Gassenlabyrinthen

aneinandergedrängten Häusern, stillen Winkeln, steilen Treppen. Die Dörfer sind eine Mischung aus Freilichtmuseen und ganz normalen Wohnwelten, in denen die Bewohner ihre Gassenlabyrinthe und Innenhöfe mit einer überbordenden Pflanzenpracht schmücken. Selbst hinter kleinsten Fenstergittern klemmt ein Blumentopf.

Kultur und Dörfer sind eine, die faszinierenden Landschaften und das Klima eine andere Sache. Über 300 Sonnentage pro Jahr, ewiger Frühling – Andalusiens „Son-

Bergland der Alpujarra ein letztes Refugium

16./17. Jh.
Vertreibung von Juden und letzten Muslimen

1704
Die Briten erobern Gibraltar

1881
In Málaga wird Spaniens Jahrhundertmaler Pablo Picasso geboren

1936–39
Spanischer Bürgerkrieg, gefolgt von der Diktatur unter Francisco Franco

1960er-Jahre
Wirtschaftswunder, einsetzender Massentourismus und erste Bausünden an der Costa del Sol

nenküste" hält, was ihr Name verspricht, und ist mitunter als „Kalifornien Europas" tituliert worden. Im Sommer geht es in den Urlaubszentren in jederlei Hinsicht hitzig zu, ansonsten eher ruhig und mild. Flusstäler sind mit Orangenhainen gesprenkelt, über Höhenrücken ziehen sich Mandelbäume, die wüstenhaften Gegenden der Provinz Almería setzen Kontraste. Hinzu kommen Strände mit Vulkanformationen im Naturpark Cabo de Gata und Eis und Schnee in der winterlichen Sierra Nevada, wo es Skifans auf die Pisten zieht und nicht weniger als 16 Gipfel die 3000-m-Marke übersteigen. Bilder, wie sie unterschiedlicher kaum sein könnten. Das gilt gleichermaßen für die Flora mit Enzian und Krokussen in höheren Lagen, Kiefern und Steineichen in Mittelgebirgen und Espartogras und Zwergpalmen in den trockenen Niederungen. Oleander und Zistrosen setzen Farbtupfer, in der Fauna sind Steinböcke und Steinadler vertreten. Eine Sonderrolle fällt den Berberaffen am Felsen von Gibraltar zu, den einzigen frei lebenden Primaten Europas.

Avocados, Mandeln und Oliven gedeihen im milden Klima

Gibraltar, seit der Einnahme durch die Engländer 1704 ein seltsames Anhängsel Great Britain an der Südspitze Spaniens, setzt geografisch den Schlusspunkt der Mittelmeerküste Andalusiens. Diese splittet sich in drei große Abschnitte auf: die Costa del Sol mit ihrem Kern um Málaga und Marbella, die Costa Tropical der Provinz Granada um Almuñécar und Salobreña und ganz im Osten die Küste der Provinz Almería. So unterschiedlich wie die Landschaften sind die Strände, deren Charakter von versteckten Perlen im Naturpark Cabo de Gata bis zu kilometerlangen Klassikern wie in Marbella reicht. Vom späten Frühjahr bis in den Oktober oder November sind die Badetemperaturen im Mittelmeer angenehm. Im Hinterland der Costa del Sol und Costa Tropical erheben sich Bergbarrieren wie die Sierra de Mijas und die Sierra de Almijara, die kalte Nordwinde abhalten und ein mildes Klima garantieren, in dem Avocados und Mandeln gedeihen, Oliven, Weintrauben, Zitronen und sogar Mangos.

Die Ursprünglichkeit mancher Küstengegenden liegt dagegen unter Beton begraben. Ohne Weitblick und Rücksicht auf Verluste, unterfüttert durch Spekulation und Korruption, setzte in den Sechzigerjahren des 20. Jhs. der ungebremste Bauboom für den Massentourismus ein. So kamen lebenswichtige Devisen in ein Land, das damals

1975
Ende der Militärdiktatur von Franco, Proklamation von Juan Carlos I. zum König

1978
Spanien bekommt eine neue, demokratische Verfassung

1981
Autonomiestatut für Andalusien

2012
Die in Spanien besonders gravierenden Auswirkungen der Wirtschafts- und Finanzkrise dauern an; die Arbeitslosigkeit erreicht 20, in Andalusien 30 Prozent

2013
Feierlichkeiten „Tausend Jahre Königreich Granada"

Hier ist das Beachlife Lichtjahre entfernt: Schäfer im Naturpark Cabo de Gata

zu den ärmsten in Europa gehörte und bis 1975 unter der Knute von Diktator Francisco Franco stand.

Andalusiens mediterrane Küste ist seither ein touristischer Dauerbrenner. Heute machen sich die Gemeinden mit ihren Sandstränden und Promenaden gegenseitig Konkurrenz, Duschen und Strandpflege in Form von Müllbeseitigung gehören zum Standard. Für Kinder bieten die vielerorts an den Stränden aufgebauten Spielgeräte mit Rutschen und Kletterseilen ein kostenloses Vergnügen, ob in Marbella oder Roquetas de Mar.

In der Wärme des Südens verbringen viele Tausend Residenten, vor allem ältere Auswanderer oder „Teilzeit-Auswanderer" aus

Fiesta und Siesta: Lebenslust und gelebte Tradition

Deutschland und Großbritannien, einen Großteil des Jahres und zeigen Mitteleuropa die kalte Schulter – um im Winter auf der Terrasse zu frühstücken. Es gibt Wandergruppen der Residenten, Tanztreffs, Tierschutzvereine, Wohltätigkeitsfeiern und deutsche Skatclubs.

Für viele Einheimische sprudelt der Tourismus als Einkommensquelle, in Hotels und Restaurants verdienen sie ihre Euro. Das Motto dabei: arbeiten, um zu leben – nicht leben, um zu arbeiten. Selbst Krisenzeiten können den Andalusiern nicht nachhaltig ihre Lebenslust nehmen oder Traditionen erschüttern. Dazu gehören Fiestas und Siesta, ein erstes Gläschen Wein gegen Mittag, die Häppchenkultur der Tapas – und ein hoher Lärmpegel. Lassen Sie sich anstecken von dieser Unbeschwertheit, und freuen Sie sich auf einen Urlaub in einer der lebhaftesten, vielseitigsten Ferienlandschaften Europas!

IM TREND

1 Klasse statt Masse

Öko-Lifestyle In Südspanien wächst ein Großteil von Europas Obst und Gemüse. Die Einheimischen setzen nun aber vermehrt auf Klasse statt Masse. Der Bioanbau floriert – auch dank Agrargemeinschaften wie *La Molienda Verde (Calle Moraleda 59)* in Benalauría, die zudem ein Restaurant betreiben. Beliefert werden auch Geschäfte wie *Bio-Natura (Calle Félix Rodríguez del la Fuente, Marbella, Foto)*, die sich auf edle Öle spezialisiert haben. Speziell an Urlauber richten sich Bioferienhäuser. Als Gast der *Finca Cortijo Cantaranas (Almuñécar, www.finca-lascantaranas.com)* sammeln Sie unter anderem Wildkräuter fürs gemeinsame Dinner.

Abenteuerlich

Adrenalinkick Canyoning und Abseiling, Klettern und Raften – bei *Ocio Sport (Málaga, www.reservatuaventura.com, Foto)* kommen Abenteurer auf ihre Kosten. *Ocio Aventura (www.ocioaventura.com)* bietet sogar Überlebenstraining in der spanischen Wildnis an, und *Pangea Active Nature (www.pangeacentral.com)* organisiert Höhlenerforschungen ebenso wie Kajaktrips und Klettersteigbegehungen.

3 Für Tagschwärmer

Beachclubs Beachclubs machen Partys nicht nur für Nachtigallen, sondern auch für Lerchen möglich. Am *Puro Beach (Carretera de Cádiz km 159, Estepona, Foto)* relaxen Sie tagsüber bei entspannten Chill-out-Rhythmen, abends wird richtig aufgedreht. In Marbellas *Ocean Club (Avenida Lola Flores, Puerto Banús)* versüßen Ihnen Tänzer und DJs den Tag, und im durchgestylten *Buddha Beach (Arroyo El Rodeo, Puerto Banús)* kommen auch noch Konzerte aller Genres hinzu.

Fashion fabulous

Mode Die Costa del Sol ist farbenfroh und lebenslustig – gerade bei der Mode. Pepa Karneros Modelinie *Pepaloves* ist zum Anbeißen süß und zugleich urban. Die Malagueña setzt bei ihren Prints unter anderem auf die Kreativität von regionalen Street Artists. In Karneros Heimatstadt gibt es die Teile bei *Azalea (Paseo de Reding 49, www.pepakarnero.com). Find de Luxe Vintage (Calle de Casapalma 9, Málaga, www.finddeluxe.com, Foto)* wird seinem Namen gerecht. In dem Shop hängen einzigartige Secondhandmode und redesignte Stücke aus den Sechziger- bis Neunzigerjahren an den Stangen. Carola Toca *(www.carola toca.com)* hat den richtigen Riecher für Mode – das stellt sie als Designerin und als Personal Shopperin unter Beweis. Niemand kennt Marbellas angesagte Läden besser.

Alternativer Lebensstil

Alternativ Die Costa del Sol besteht nicht nur aus mondänen und modernen Küstenorten. Gerade im Hinterland scheint die Zeit stehen geblieben zu sein – in den Sechziger- und Siebzigerjahren. Entdecken Sie diese Seite auf dem kunterbunten *Kunsthandwerksmarkt (jeden ersten Samstag im Monat)* in Órgiva oder im *Valle de Sensaciones (www.sensaciones.de)* in Cádiar, wo Veranstaltungen und Workshops in nachhaltigen Lebensstil, Kunst und Esoterik einführen. Allein die Lehmhäuser dort sind einen Besuch wert. Sämtliche Sinne werden auch im *Espiga (Avenida Joan Miró 19, Torremolinos, www.vegetarianoespiga.es)* angesprochen. In dem vegetarischen Biorestaurant werden Kochkurse angeboten. Wie wärs mit Seitangeschnetzeltem oder einem süßem Quinoaauflauf?

STICHWORTE

EINWANDERUNG

Während Andalusien zunehmend Osteuropäer auf Arbeitssuche angelockt hat und Tausende Residenten das Leben im ewigen Frühling genießen, ebben die Pressemeldungen zur illegalen Einwanderung aus Afrika nicht ab. Auf meist wenig seetauglichen Booten, *pateras* genannt, landen ein ums andere Mal erschöpfte Boat People an den Küsten Andalusiens. Die Startpunkte der *pateras* liegen in Nord-, die meisten Menschen stammen aus Schwarzafrika. Das einzige Gepäck ist die Hoffnung auf ein besseres Leben, doch das krisengebeutelte Spanien ist kein gelobtes Land mehr. Schlagen Rücktransporte in die Heimat fehl, finden die Immigranten als Erntehelfer zu Hungerlöhnen Beschäftigung. Oder – in etwas besseren Fällen – als Haushalts- und Küchenhilfen, im Baugewerbe. Andere enden als ambulante (Schwarz-)Händler, wie man sie vielerorts mit CD-Raubkopien und Kleidung umherziehen sieht. Vereinzelte fremdenfeindliche Übergriffe haben gezeigt, dass die Aufgeschlossenheit für die Zuwanderer keine bedingungslose ist. Verallgemeinern lässt sich dies zum Glück nicht.

FILMPROVINZ ALMERÍA

Filmleute entdeckten in den Sechzigerjahren die Provinz Almería als Wilden Westen für die Leinwand und verlegten Arizona, Texas, New Mexico unter Südspaniens sengende Sonne. In den wüsten- und steppenartigen Landstrichen um Tabernas und das Cabo de Gata dreh-

Von Einwanderung bis Umweltschutz: Notizen zum Ritual der Siesta, zur Leidenschaft des Flamencos und zur Kultur der Mauren

ten sie Storys um Cowboys, Indianer, Outlaws, Abenteurer, Revolutionäre aus Mexiko. Regisseur Sergio Leone machte den Anfang und schickte Clint Eastwood „Für eine Handvoll Dollar" los, bevor er Henry Fonda und Charles Bronson ins Blutbad von „Spiel mir das Lied vom Tod" stürzte. Auch Hollywoodstars wie Yul Brynner, Ernest Borgnine und Faye Dunaway gaben sich ein Stelldichein, für Dauerbösewicht Klaus Kinski hieß es „Töte, Amigo". Harrison Ford folgte später in „Indiana Jones und der letzte Kreuzzug", Til Schweiger kämpfte in „Die Daltons gegen Lucky Luke", Bully Herbig drehte mit der Winnetou-Paradie „Der Schuh des Manitu" einen der kommerziell erfolgreichsten deutschen Streifen überhaupt. Im Vergleich zur Goldgräberstimmung von früher ist es etwas ruhiger geworden in der Filmprovinz Almería. Werbespots haben sich zu einem einträglicheren Geschäft entwickelt, während Westernkulissendörfer und ausgewiesene „Kinorouten" Filmfans auf die Zelluloidspur bringen.

FLAMENCO

Ein wildes Stakkato der Schritte, ein hämmernder Rhythmus, mitreißend wie ein Sog. Die Liebe, immer wieder umkreist der Flamenco die Liebe, das tiefste aller Gefühle, doch die Ausdrucksformen sind ganz unterschiedlich: Gesang *(cante)*, Instrumentalspiel *(toque)* und Tanz *(baile)*. Die Herkunft des Flamencos ist untrennbar mit den *gitanos* verbunden, den seit eh und je ausgegrenzten „Zigeunern", die vor Jahrhunderten in den Liedern Trost und Wir-Gefühl suchten. Der genaue Ursprung verliert sich im Dunkeln. Fest steht, dass der Flamenco im Lauf des 19. Jhs. gesellschaftsfähig wurde, wenn auch mit rassigen Zigeunerinnen oft klischeehaft auf der Folkloreschiene verzerrt. Längst gilt der Flamenco als anerkannte Kunstform, die sich heute in mehrere Dutzend Gattungen splittet und ständig weiterentwickelt. Obgleich die *gitanos* oft mit Argwohn betrachtet werden und am Rand der Gesellschaft stehen, verschafft ihnen der Flamenco ein Stück Respekt. In Mode gekommen sind Flamencoschulen. Auswärtige Besucher verschaffen sich bei Shows, wie sie samt Höhlenambiente auf dem Sacromonte in Granada gepflegt werden, einen ersten Einblick in die Kunst des Flamenco. Der Authentizität steht dabei eine allzu starke Aufgesetztheit entgegen, die die Kommerzialisierung mit sich bringt.

HÖHLENWOHNUNGEN

In Granadas Viertel Sacromonte und im Städtchen Guadix befremden mit Höhlen durchlöcherte Hänge, in denen Wohnungen eingerichtet sind. Die künstliche Perforation des Erdreichs begann in Guadix im Spätmittelalter mit der Anlage von Speichern und Zufluchtsorten. Daraus entwickelten sich im Lauf der Zeit Quartiere, die man sich heute zwar archaisch, aber nicht komfortfrei vorzustellen hat. Statt Modergeruch herrscht zwischen weiß getünchten Wänden eine

In und um Guadix: die ungewöhnlichen Höhlen- und Grottenwohnungen

konstante Temperatur von 18 bis 20 Grad, und statt auf gestampfte Erde tritt man auf betonierte Böden. Seit den Siebzigerjahren haben die Errungenschaften der Moderne in Form von Strom, fließendem Wasser, Fernsehen und Internet Einzug gehalten. In Guadix und Granada geben Museen in Originalhöhlen exemplarische Einblicke in die Grottenbehausungen, in denen seit alters viele *gitanos* („Zigeuner") leben. Auf dem Sacromonte finden Flamencoshows in Höhlen statt, in Guadix gibt es Höhlenhotels.

LEBENSART

Organisationstalent, Zuverlässigkeit und Pünktlichkeit sind Stärken der Andalusier nicht. Es ist das *mañana,* das ewige Morgen, auf das man gerne alles verschiebt und stattdessen in den Tag hineinlebt. Generell paart sich eine gewisse Schicksalsergebenheit mit einem positiven Grundgefühl. Eine schwierige Lage löst oft eine Jetzt-erst-recht-Stimmung aus, bei der sich alles darauf richtet, die Schwere des Lebens so leicht wie möglich zu nehmen. Das gilt für das Dauerthema Arbeitslosigkeit ebenso wie für die immer stärkeren Restriktionen, die Städte und Gemeinde vorgeben. Geselligkeit ist ein wichtiger Faktor, allerdings hat das offene Wesen seine Grenzen. Einladungen nach Hause sind unüblich. Umso stärker sind Plätze, Promenaden und Kneipen als öffentliche Treffpunkte und Wohnzimmerersatz frequentiert.

MAUREN

Im Jahr 711 kamen sie von Nordafrika her über die Straße von Gibraltar und verhalfen Andalusien zu Höhenflügen der Kultur: die Mauren. Machtkämpfe in den eigenen Reihen ließen das aufgeblühte Kalifat von Córdoba ab dem 11. Jh. in Kleinkönigreiche *(taifas)* zerfallen, während die Christentruppen von Norden her bei der Rückeroberung, der Reconquista, vorrückten. Das letzte muslimische Herrschaftsterrain war jenes der Dynastie der Nasriden von Granada, bis 1492 die Katholischen Könige Ferdinand von Aragonien und Isabella von Kastilien über die Glaubensfeinde triumphierten. Mit den letzten Sieg über die Mauren begründete das Monarchenpaar die territoriale Einheit Spaniens und legte gleichzeitig den Grundstein zum Aufstieg seines Landes zur Großmacht in Europa. Den Spuren der Mauren verdankt Andalusien einen gewichtigen Teil seines touristischen Reizes – das maurische Erbe aus dem Mittelalter begegnet Ihnen auch heute noch auf Schritt und Tritt im andalusischen Alltag: etwa in der Architektur, in prächtigen Gärten, in der Küche oder in vielen Ortsnamen, Wörtern und geografischen Bezeichnungen, darunter all jene, die mit „al-" oder „guadal" anfangen. Was Kultur und Religion anbelangt, lässt sich in jüngster Zeit eine gewisse Gegenbewegung beobachten: In Südspanien werden wieder Moscheen gebaut, und es gibt durchaus Spanier, die nach intensiver Beschäftigung mit dem Koran zum Islam übertreten.

SIESTA

Sie ist Alltagsritual und Inbegriff der südländischen Lebenskunst: die Siesta, die Mittagsruhe. Da der Übergang nach dem Essen fließend einsetzt, ist die Länge der Siesta nicht festgelegt, sondern dehnbar: Die „Kernzeit" liegt irgendwann zwischen 15 und 16.30 oder 17 Uhr. Zu dieser Zeit stehen die Räder im (süd-)spanischen Leben weitgehend still, viele Geschäfte, Monumente und Museen schließen. Im südlich-heißen Klima liegt der Urgrund der Siesta. Warum arbeiten, wenn die Sonne noch extrem hoch am Himmel steht? Mit einem Nickerchen tankt man Kraft für den zweiten Teil des

Tags, der sich weit in die kühleren Abendstunden verschiebt. Nehmen Sie sich diesen Rhythmus zum Vorbild!

S TIERKAMPF

Mensch gegen Tier, doch der Sieger steht fest, denn das Fleisch ist schon vor dem ungleichen Fight verkauft: Am Stierkampf, der *corrida de toros,* scheiden sich die Geister. Traditionsbewusste Andalusi-

Die Gefechte folgen einem festen Regelwerk, der Ablauf ist immer gleich und besteht nach dem Vorspiel des in die Arena stürmenden Stiers aus drei Dritteln: Lanzen-, Banderillas- und Tötungsphase. Im Lanzendrittel kommt der berittene Lanzenstecher zum Einsatz und bohrt vom gepanzerten Pferd aus sein Arbeitsgerät ins Fleisch des Stiers. Im Banderillasdrittel treiben die zum Team

1785 erbaut: Im andalusischen Ronda steht Spaniens älteste *plaza de toros*

er berauschen sich an der Dramatik, an der Ästhetik der Toreros, an Mut und Stärke der Kampfstiere. Den Anhängern, den *aficionados,* gilt der Kampf als Kunst. Für die meisten Nichtspanier – und auch für immer mehr Spanierinnen und Spanier – ist das Ritual nichts weiter als ein Gemetzel, das abgeschafft gehört. Dieses Anliegen stößt bei EU-Gesetzgebern und den meisten Politikern Andalusiens auf taube Ohren – zu mächtig ist die Stierkampflobby, zu groß sind die Summen, die in diesem Wirtschaftszweig fließen.

des Toreros gehörigen Läufer Widerhakenspieße *(banderillas)* in den Stiernacken. Am Ende, im Tötungsdrittel, tritt der Matador dem Stier bis zum finalen Degenstoß mit seinem roten Tuch entgegen. Ein einzelner Kampf dauert etwa 15 bis 20 Minuten, ein kompletter Stierkampfnachmittag bzw. -abend umfasst im Normalfall sechs Einzelkämpfe mit drei Toreros. Nur alle Jubeljahre kommt es vor, dass ein Stier, der besonders tapfer gekämpft hat, kurz vor dem Todesstoß vom Torero begnadigt wird. Die beste Art des Protests gegen Stierkämpfe ist zuallererst, nicht hinzugehen. Im Gebiet dieses Reiseführers finden sich Spaniens geschichtsträchtigste Arena in Ronda und das 14 000 *aficionados* fassende Rund in Málaga, doch selbst kleinere Orte wie Mijas präsentieren stolz ihre Arena.

UMWELTSCHUTZ

Offiziell steht etwa ein Fünftel Andalusiens unter Naturschutz, doch auch dort ist die Natur nicht immer geschützt, das Umweltbewusstsein nicht konsequent genug. Einerseits pflanzen Schulklassen Bäume, finden löbliche Müllbeseitigungsaktionen in Eigeninitiative statt, andererseits lassen wirtschaftliche Interessen, Filz und Korruption den Umweltgedanken verschwinden. Da werden Apartmentkomplexe und Hotels gebaut, die paradoxerweise gegen Spaniens eigene Gesetze zur Küstenbebauung verstoßen. Da gibt es exklusive Golfplätze, die Wasser in Mengen schlucken, die es eigentlich längst nicht mehr gibt. In wasserarmen Gebieten sind die herkömmlichen Brunnen durch den Mehrverbrauch längst versiegt, das kostbare Nass wird immer tiefer aus der Erde gezapft. Nach demselben Prinzip funktioniert die Bewässerung der Treibhausmeere in der Provinz Almería, die um El Ejido Zehntausende Hektar bedecken. Unter silbrig glänzenden Plastikplanen reifen Exportprodukte im Schnelldurchgang: Gurken, Paprika, Auberginen, Zucchini, Salate. Oder Tomaten, die makellos rund und rot sind, aber kaum Aroma haben, doch dafür reichlich Pestizide, durch deren Einsatz die Erträge gesteigert werden.

BÜCHER & FILME

▶ **Erzählungen von der Alhambra** – Das Buch des US-amerikanischen Schriftstellers Washington Irving (1783–1859), der sich 1829 auf der Alhambra einquartierte, ist Kult! Kaum jemand wird sich dem poetischen Bann der Geschichten und Mythen entziehen können

▶ **Südlich von Granada** – Ein zeitloses Dokument rund um Alltag, Sitten und Gebräuche im Bergland der Alpujarra. Dort hatte der Engländer Gerald Brenan (1894–1987) lange seine Wahlheimat

▶ **Stille Winkel in Andalusien** – Reiseessays, in denen MARCO POLO Autor Andreas Drouve den Oasen der Stille nachspürt: ob in Granada und Ronda, im Naturpark Cabo de Gata, auf der Burg von Almería oder in Almuñécar

▶ **Mondlaub** – Aufgehängt am Schicksal der Herrschertochter Layla, legt Autorin Tanja Kinkel den Fokus ihres historischen Romans auf den Untergang des Maurenreichs von Granada

▶ **Für eine Handvoll Dollar** – Klassiker unter den Spaghettiwestern, 1964 von Sergio Leone weitgehend in der wüstenhaften Szenerie der Provinz Almería gedreht. Mit dem jungen Clint Eastwood als coolem Revolverhelden in Hochform

▶ **Lorca – Mord an der Freiheit** – Kinothriller von 1997 (auch als DVD) um die gefährliche Suche nach den Mördern des bei Granada exekutierten Dichters Federico García Lorca. Mit Hollywoodstar Andy Garcia und Edward James Olmos

ESSEN & TRINKEN

Andalusier sind Genussmenschen durch und durch. Ein erheblicher Teil ihres Finanz- und Zeitbudgets wandert in die Freuden des leiblichen Wohls. Eine gute Investition, vor allem bei der zur Perfektion gereiften Schlemmerkleinkunst: in den Kneipen Tapas zu kosten.

Tapas, das sind Appetithäppchen, die auch außerhalb Spaniens längst zum Begriff geworden sind – doch kaum je so gut schmecken wie hier, an ihrem Ursprungsort im Süden Spaniens! Tapa ist nicht gleich Tapa, eine genaue Definition unmöglich. Die Vielfalt reicht von frittierten Tintenfischringen über Artischocken mit Sardellen bis zum Scheibchen luftgetrocknetem Schinken auf Brot. Einen besonderen Stellenwert genießen die Kneipen in Granada, wo Tapas in der Regel

noch kostenlos und ungefragt zu Wein und Bier serviert werden: als unvorhersehbare, köstliche Überraschungen.

Kein Einheimischer käme dabei auf die Idee, die ganze Zeit an einem Ort zu bleiben. Tapas stacheln, vor allem abends, zu Häppchen-Streifzügen von Bar zu Bar an, immer auf der Suche nach den einfallsreichsten, den leckersten. Dabei ist es unüblich, dass jeder getrennt bezahlt. Man wirft vorher in eine Gemeinschaftskasse zusammen, oder es zahlt reihum immer einer für alle. **INSIDER TIPP** Beste Visitenkarte einer Kneipe ist übrigens ein verschmutzter Fußboden, auf dem sich Papierservietten, Zahnstocher und Olivenkerne verteilen und bezeugen: Hier waren Unmengen an Einheimischen vor mir, hier muss es gut sein, hier muss ich

Bild: Tapabar in Granada

Weniger ist mehr heißt die Devise – nur so schaffen Sie es, möglichst viele der andalusischen Appetithäppchen zu probieren

trotz drangvoller Enge unbedingt ein Häppchen probieren!

Eine Tapatour gehört zum Lebensrhythmus in Andalusien, mit dem Sie immer wieder auf für Mitteleuropäer anfangs befremdliche Art Bekanntschaft machen: zum Beispiel, wenn die Landhotelwirtin freundlich erklärt, das Frühstück werde zwischen 9 und 11 Uhr serviert. Generell gilt es, sich dem landesüblichen, nach hinten verschobenen Tagesrhythmus anzupassen. Das Mittagessen steht erst ab 13.30 oder 14 Uhr, das Abendessen unter

Spaniern nicht vor 21 oder 22 Uhr an. In Urlaubszentren haben sich die meisten Lokale allerdings auf frühere (oder gar durchgehende) Essenszeiten eingestellt, doch authentisch spanisch ist das ebenso wenig wie für das Gedeck *(cubierto)* zu kassieren (Vorsicht, Touristennepp!), ein Kassler mit Kartoffelpüree auf die Karte zu setzen oder am Morgen eine Wurst- und Käseauswahl aufzutischen. Spanier lieben es beim Frühstück nicht salzig, sondern süß – und spärlich! Da reicht schon ein Marmeladentoast oder ein

SPEZIALITÄTEN

▶ **aceitunas** – Oliven, mitunter mit Sardellen *(anchoas)* gefüllt; gut zum Wein oder zum frisch gezapften Bier *(caña)*

▶ **ajo blanco** – kalte Knoblauchsuppe mit Mandeln und Trauben (Foto li.)

▶ **boquerones** – Sardellen werden ebenso gerne frittiert *(fritos)* gegessen wie in Essig, Olivenöl und Knoblauch mariniert *(en vinagre)*

▶ **chorizo** – herzhafte Schweinswurst mit Knoblauch und Paprika; kann roh gegessen werden, in Eintöpfen oder gebraten und mit Sherry oder Rotwein abgelöscht

▶ **chuletillas de cordero lechal** – Koteletts vom Milchlamm

▶ **churros con chocolate** – frittierte Teigkringel, in dickflüssige Schokoladensauce getunkt; beliebt bei Nachtschwärmern nach durchzechten Stunden am Morgen

▶ **gambas al ajillo** – mit viel Knoblauch und Olivenöl gebratene Garnelen

▶ **gazpacho** – Kaltschale aus Tomaten, Paprika, Gurke, Zwiebeln, Knoblauch, Essig, Olivenöl und Weißbrot

▶ **jamón de Trevélez** – luftgetrockneter Serranoschinken aus dem Bergdorf Trevélez in der Alpujarra

▶ **pescaíto frito** – kleine Fische, in einem feinen Teigmantel frittiert; *die* Spezialität in Strandrestaurants und -bars

▶ **pincho moruno** – mariniertes Fleischspießchen

▶ **plancha, a la** – auf der glühend heißen Kochplatte zubereitet – Fisch und Fleisch genauso wie Gemüse

▶ **plato alpujarreño** – deftiges Gericht aus der Alpujarra: eine Platte mit Blutwurst *(morcilla)*, Paprikasalami *(longaniza)*, luftgetrocknetem Schinken, Spiegelei, Bratkartoffeln und gelegentlich einem Stück Schweinelende *(lomo)*

▶ **rabo de toro (estofado)** – (geschmorter) Stierschwanz (Foto re.)

Croissant, dazu ein Milchkaffee *(café con leche)*, ein Espresso *(café solo)* oder ein Espresso mit einem Schuss Milch *(cortado)*. Teetrinker werden angesichts der lieblosen Beutelteeaufgüsse fast immer enttäuscht sein, es sei denn, man erwischt einen frischen Minztee in einer maurisch inspirierten Teestube *(tetería)* in Granada.

Umso mehr freut man sich, wenn gegen 12 oder 13 Uhr die Stunde des Aperitifs und der ersten Tapa als Vorspiel des Mittagessens schlägt. Und das kann mit Vorspeise, Hauptgericht und Nachtisch durchaus üppig ausfallen. Ein Wein gehört selbstverständlich auf den Tisch.

Mittags ist das Tagesmenü *(menú del día)* stets eine gute Wahl, zumal der Preis an Werktagen nur bei ca. 8–13 Euro liegt. Enthalten sind in der Regel drei Gänge sowie Brot und Landwein. Wem ein ganzes Menü zu viel ist, der beschränkt sich auf einen gemischten Salat *(ensalada mixta),* ein belegtes Baguette *(bocadillo)* oder ein Tellergericht *(plato combinado, z. B. Schweinelende, Wurst und Spiegelei).* Ebenso lässt sich eine Schinken- oder Käseplatte als ganze Portion *(ración)* oder halbe Portion *(media ración)* ordern; auch Meeresfrüchte gibt es als *ración.* Ein verlässlicher Sattmacher ist das Kartoffelomelett *tortilla de patata.* In Touristenorten kommt auch Paella auf den Tisch, obwohl ihre Heimat eigentlich in Valencia liegt. Bei einer guten Paella sind die Zutaten immer deutlich erkenn- und schmeckbar, vom Gemüse (u. a. Paprika, Tomaten) bis – je nach Variante – zu Meeresfrüchten (u. a. Muscheln, Tintenfisch) und Fleisch (z. B. Schweine-, Hühner- oder Kaninchenstücke).

Fischgerichte sind zwar beliebt, aber nicht preiswert. Da spielen Aspekte wie gestiegene Unkosten und überfischte Meere mit, wobei z. B. Lachs *(salmón)* meist ohnehin aus Zuchtfarmen stammt. Beliebt sind u. a. Wolfsbarsch *(lubina),* Seeteufel *(rape),* Krake *(pulpo)* und kleine Tintenfische *(chipirones).*

Abends decken Spitzenrestaurants mit einem Degustationsmenü auch höhere Ansprüche ab. Ein solches Menü, das durchaus 50 Euro kosten kann, gibt dem Küchenchef Gelegenheit zu zeigen, was in ihm steckt. Doch auch wenn man gut, viel und gerne isst, achten die Südspanier sehr wohl auf das, was als *dieta mediterránea* bekannt ist: die Verwendung gesunder, ausgewogener Zutaten – viel Gemüse, Obst, Knoblauch, Olivenöl, Fisch.

Qualitätsweine sind auf dem Etikett an ihrer geschützten Herkunftbezeichnung *(Denominación de Origen)* zu erkennen. Neben Rotwein *(tinto),* Rosé *(rosado)* und Weißwein *(blanco)* gibt es auch Süßwein aus Muskatellertrauben (z. B. *vino de Málaga).* Biertrinker finden mit San

Auf Tapatour: *tinto* und Tortilla

Miguel oder Mahou ordentliche einheimische Marken. Ein frisch gezapftes Bier ordern Sie als *caña,* während Sie bei der Bestellung unter *cerveza* meist ein Flaschenbier bekommen; die Menge ist oft klein (0,25 oder 0,33 l); als Variation gibt es auch Bier ohne Alkohol *(cerveza sin alcohol).* Wassertrinker greifen angesichts des starken Chlorgehalts von Leitungswasser besser zu Mineralwasser *(agua mineral).*

Typisch andalusisch sind nicht nur die gehaltvollen, starken Süßweine, sondern auch der Sherry aus der Gegend um Jerez de la Frontera. Man bestellt nicht „Sherry", sondern direkt die gewünschte Sorte, z. B. *fino* als trockenen, *amontillado* als halbtrockenen und *oloroso* als süßen Sherry.

EINKAUFEN

Gewachsene Traditionen und der große Besucherzulauf machen diesen Teil Andalusiens zu einem Einkaufsparadies. In Granada fühlen Besucher sich in der Alcaicería, dem einstigen Seidenbasar der Mauren, in ein Stück Orient versetzt. Allerdings gibt es auch viel Nepp und klischeehaften Plunder: Flamencotänzerinnen in Püppchenform, Kastagnetten und Low-Budget-Flamencokleider aus höllisch schlechtem Material. Manches ist massentouristischer Ramsch made in China. Das authentische Kunsthandwerk spiegelt dagegen die Einflüsse der verschiedenen Kulturen wider, die die Gegend geprägt haben: Phönizier, Iberer, Römer und speziell die Mauren. Und die frische spanische Modeszene aus Madrid und Barcelona strahlt auch nach Andalusien aus; Orte wie Puerto Banús setzen auf Edelboutiquen, in Almería und Granada geht es bodenständiger zu. Lederschuhe sind preisgünstiger als daheim. Die Marke *Fluchos* ist erfahrungsgemäß top – handgenähte Schuhe für sie und ihn. Ein geldwerter Tipp am Rand: In Apotheken sind Artikel wie Sportgels und Wärmepflaster in der Regel günstiger als bei Ihnen zu Hause, und manche Medikamente, die andernorts rezeptpflichtig sind, werden in Spanien frei abgegeben.

FLICKENTEPPICHE

Jarapas heißen die **INSIDER TIPP** Flickenteppiche, die in größeren Bergdörfern der Alpujarra erhältlich sind. Ursprünglich verwebten die Hausfrauen alte Lappen und Lumpen, heute ist es ein Kunsthandwerkszweig, der bunte, preisgünstige Mitbringsel hervorbringt. Kleine Flickenteppiche kosten ab 6 Euro, 1-x-2-m-Exemplare um 25 Euro. Trotz der Hinweise „waschmaschinentauglich" sollten Sie die Stücke bei Verschmutzung vorsorglich nur mit der Hand waschen.

INTARSIEN

Taracea nennt man den Typus der maurisch inspirierten Einlegearbeit. Damit ziert man Schmuckkästchen, Schachspiele, Spiegelrahmen, Tabletts, Spieluhren oder Tische. Die Meister verarbeiten Materialien wie Knochenstückchen, Perlmutt und verschiedene Edelhölzer zu kunstvollen Mosaiken. In Granada finden sich die größten Angebote.

KERAMIK

Glasierte Teller, Schälchen und Henkelkrüge in Grün und Blau auf weißem

Es gibt wahre Fundgruben für Mitbringsel – die Grenzen zwischen Kunst und Kitsch verlaufen dabei oft fließend

Grund – das sind Klassiker, deren Vorbilder auf der Epoche der Nasriden fußen. Auch Kannen, Tassen und Untersetzer sind erhältlich. Granada bietet eine besonders reiche Auswahl.

KULINARISCHES

Konserven mit eingelegten Oliven *(aceitunas)* sind günstig und ebenso leicht zu transportieren wie Dosen mit Leberpastete vom besonders aromatischen Iberischen Pata-Negra-Schwein *(paté de higado de cerdo ibérico)*. Eine herzhafte Paprikawurst *(chorizo)* oder ein Stück Serranoschinken lässt man sich für den Heimtransport nach Möglichkeit **INSIDER TIPP** luftdicht in Folie einschweißen *(envasar al vacío)*. Erliegen Sie z. B. im Alpujarra-Ort Trevélez der Versuchung, eine ganze Schinkenkeule zu kaufen, sollten Sie wissen: Ohne Schinkeneinspanner *(jamonero)* gerät das Halten und Absäbeln zur Tortur! Eine süße Besonderheit ist Zuckerrohrhonig *(miel de caña)* aus Frigiliana.

Wer mit dem eigenen Auto unterwegs ist oder sich den Transport im Koffer zutraut, kann Platz für ein paar Flaschen lassen: kaltgepresstes Olivenöl *(aceite de oliva virgen extra)*, Wein, Tresterschnaps *(orujo)* aus der Alpujarra oder Süßwein aus Cómpeta.

MÄRKTE

Straßenmärkte *(mercadillos)* haben ihre festen Termine und Plätze. Besonders beliebt sind die bunten Stand- und Budentreffs in Küstenstädten wie Nerja, Fuengirola, Torremolinos, Estepona und Marbella.

MUSIKINSTRUMENTE

Neben Madrid gilt Granada als wichtigste Schule für Instrumentenbauer in Spanien. Über zwei Dutzend Gitarrenbauer sind noch heute in der Provinz Granada tätig. Sie stellen klassische Konzert- wie auch Flamencogitarren her.

DIE PERFEKTE ROUTE

START IN DER METROPOLE MÁLAGA

Einstiegspunkt ist der bestens mit Mietwagenanbietern versorgte Flughafen von ❶ *Málaga* → S. 64. Da er südwestlich der Stadt liegt, bleiben Sie zu Beginn auf dieser Seite und wählen als Küstenauftakt ❷ *Benalmádena* → S. 86. Atmen Sie am Abend Atmosphäre um den Sporthafen.

KURS RICHTUNG OSTEN

Umfahren Sie tags darauf die Großstadt, um Kurs auf ein Highlight der östlichen Costa del Sol zu nehmen: ❸ *Nerja* → S. 73. Treffpunkt aller ist der „Europa-Balkon", doch auch die kleinen Strandabschnitte und die Tropfsteinhöhle haben ihren Reiz. Ebenfalls einplanen: einen Abstecher in die Berge in eines der malerischsten Dörfer Südspaniens, ❹ *Frigiliana* → S. 76. Für eine Übernachtung bietet sich auch ❺ *Almuñécar* → S. 45 (Foto o.) an, der Hauptort der Costa Tropical. Über das pittoreske ❻ *Salobreña* → S. 48 geht es unaufhörlich weiter in den Osten und damit streckenweise durch eine glitzernde, fast surreale Plastikwelt der Treibhäuser. Die Traumburg von ❼ *Almería* → S. 32 verlockt zu einem Halt, ehe Sie die Fahrt in den Naturpark Cabo de Gata fortsetzen und am besten für zwei Nächte Quartier in ❽ *San José* → S. 41 beziehen. Entdecken Sie tags darauf die kleinen Strände südwestlich und die wildromantische Küstenszenerie. Das kristallklare Wasser lockt zum Baden!

AUF NACH GRANADA!

Verabschieden Sie sich nun vorübergehend vom Meer und nehmen durch die Halbwüste ❾ *Desierto de Tabernas* → S. 36 Kurs auf ❿ *Guadix* → S. 61, dessen kuriose Wohnhöhlenkultur einen Stopp lohnt. Die A 92 führt über den 1380 m hohen Pass Puerto de la Mora weiter nach ⓫ *Granada* → S. 49. Auf gut Glück empfiehlt sich der Besuch dort nicht, Sie sollten Reservierungen vorgenommen haben: ein Hotel für drei Nächte (vorzugsweise mit hauseigener Garage, anderenfalls ist eines der recht teuren Parkhäuser dringend anzuraten), dazu das Ticket mit vorgegebener Besuchszeit für die Alhambra. Granada ist ein Traum – auch wenn es bei der Anfahrt mit all den Neubauvierteln nicht danach ausgesehen hat! Planen Sie also genügend Zeit ein für den sagenumwobenen Maurenpalast, für Tapatouren, Altstadtbummel, die Königliche Kapelle, die Kathedrale und das verwinkelte Viertel Albaicín.

Erleben Sie die vielfältigen Facetten der Costa del Sol mit Abstechern in die Halbwüste, nach Granada und in die Bergwelt um Ronda

INS MAGISCHE RONDA

Westlich von Granada trägt Sie die Autobahn nach **12** *Antequera → S. 71,* bekannt vor allem wegen seiner Dolmen; aber auch die Burg verdient einen Besuch. Weiter nach Südwesten erreichen Sie schließlich **13** *Ronda → S. 91,* ein weiteres typisches Zauberziel in Andalusien. Das Städtchen wird förmlich gespalten durch die Schlucht, die der Río Guadalevín in Jahrtausenden in den Fels gefressen hat.

ZWISCHEN BERGEN UND MEER

Nach ein bis zwei Nächten in Ronda geht es aus der Bergwelt kurvig hinab über weiß an die Hügel gewürfelte Orte wie **14** *Casares → S. 83* an die westliche Costa del Sol, wo sich als erstes Ziel **15** *Estepona → S. 80* (Foto u.) empfiehlt. Nächste Etappe ist das legendäre **16** *Marbella → S. 88.* Lassen Sie sich von den zersiedelten Vororten und dem halbseidenen Ruf des Jet-Set-Ziels nicht abschrecken, sondern dringen Sie bis in die sehenswerte Altstadt vor und nehmen dort für mindestens eine Nacht Quartier.

IM HERZ DER SONNENKÜSTE

Über die Urlauberhochburgen **17** *Fuengirola → S. 84* und **18** *Torremolinos → S. 77* geht es allmählich zurück. Versäumen Sie nicht einen Abstecher ins viel besuchte **19** *Mijas → S. 87* hoch über der Küste. Zurück in Málaga, haben Sie hoffentlich noch Energie aufgespart für die Erkundung von Altstadt und Picasso-Museum.

ca. knapp 1000 km inklusive aller Abstecher. Empfohlene Reisedauer: zwei Wochen. Detaillierter Routenverlauf auf dem hinteren Umschlag, im Reiseatlas sowie in der Faltkarte

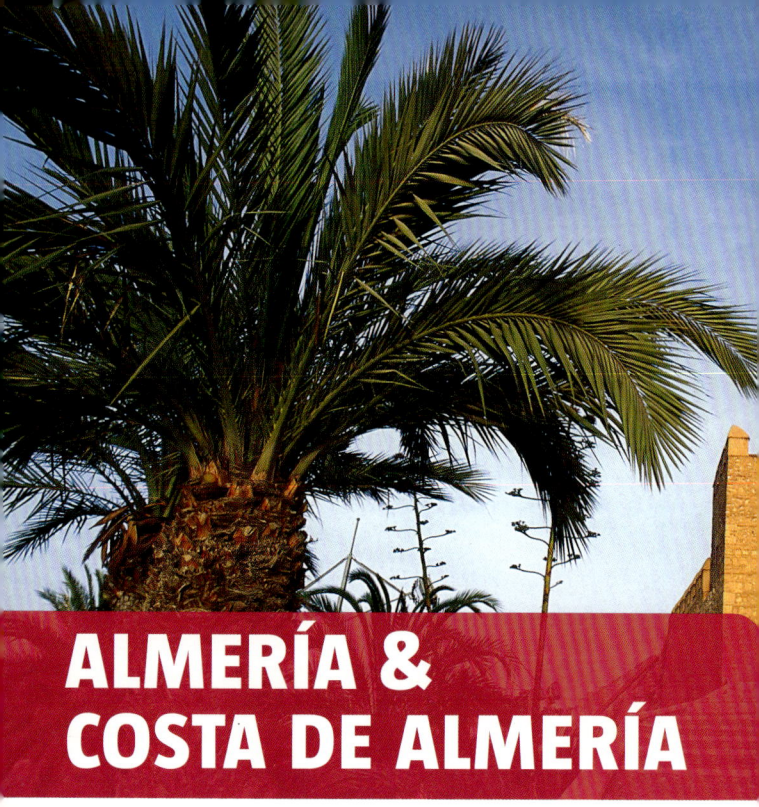

ALMERÍA & COSTA DE ALMERÍA

Lust auf Wildwestkulissen und Hitzeflimmern? Auf Klippen in Braun- und Ockertönen und schroffe, wüstenhafte Berge, die ans Meer stoßen und kleine Traumstrände einschnüren? Auf abgeschiedene Buchten ohne Buden, ohne Häuser (und ohne Schatten!)? Dann sind Sie im Naturpark Cabo de Gata goldrichtig!

Es ist Spaniens trockenste Gegend – das Licht ist gleißend, das Meer glasklar. Ausgetrocknete Flussbette zerfurchen die Landschaft, tausendfach ist die Erdkruste der Hänge aufgeplatzt. Einst ein armer, vergessener Landstrich, entdecken heute Individualisten mehr und mehr das Erlebnispotenzial der Costa de Almería. Hier finden Sie die naturbelassensten und einsamsten Strände im ganzen Gebiet dieses Reiseführers. Einsam bedeutet aber

auch: keine Infrastruktur. Ein ideales Quartier ist der Küsten- und Hafenort San José, Startpunkt von Wanderungen, Mountainbiketouren und Pisten, auf denen die Autos auf dem Weg zu den schönsten Stränden Staubfahnen aufwirbeln.
Nichts gemein mit dieser Szenerie haben die Plastikgewächshäuser um El Ejido und die zubetonierte Küste um Aguadulce und Roquetas de Mar. Größte Stadt ist die Provinzmetropole Almería, an deren Westrand die letzten schrundigen Bergausläufer im Mittelmeer versinken.

ALMERÍA

(129 D5) (*M5*) **Al-Mariyya, „Spiegel des Meeres", nannten die Mauren die**

Bild: Alcazaba in Almería

Halbwüste, kahle Berge, Sommerglut:
Die sonnendurchglühte Provinz Almería
wirkt wie ein Vorposten Afrikas in Europa

CITY **WOHIN ZUERST?**

Ganz klar: zur weithin sicht-
baren **Alcazaba!** Sie ist am besten
zu Fuß erreichbar. Busse und Züge
kommen an der Estación Intermo-
dal (Plaza de la Estación) an; ab dort
ist es ein knapper Kilometer bis an
den Zentrumsrand. Günstig gelegene Parkhäuser an der Plaza López
Falcón, der Plaza de San Pedro und
der Avenida Federico García Lorca.

**Hauptstadt (185 000 Ew.) der Provinz
Almería.**

Kalif Abd ar-Rahman III. befahl Mitte des
10. Jhs. den Bau der Wehrburg Alcazaba,
die 20 000 Kämpfern Platz bot und eine
perfekte Kontrolle über den Hafen- und
Handelsstützpunkt erlaubte. Gebiete-
risch thront sie auf einer Anhöhe hinter
der Altstadt und zeigt ihre Zähne aus
Zinnenreihen. Feigenkakteen klammern
sich an die Felsabstürze und steigen zu
teils stark restaurierten Mauern auf, die
sich rückwärts bis zum Nachbarhügel

Rathaus an der Plaza de la Constitución

San Cristóbal ausdehnen. Es ist einer der größten mittelalterlichen Wehrkomplexe in Spanien, den die Christentruppen 1489 den Mauren entrissen.

Im heutigen Almería legen sich Ringe aus gesichtslosen Hochhäusern um den Stadtkern, doch das tut der Lebensfreude der Bewohner keinen Abbruch. Traditionell treffen sich die Almerienses auf kleinen Plätzen, in den Tapakneipen und etwas außerhalb an den Strandpromenaden. Stellen Sie sich darauf ein, dass es Almería mit dem Flair anderer Städte nicht aufnehmen kann. Burg, Kathedrale und Kneipen, wo es Tapas oft noch umsonst zum Getränk gibt, sind die besten (und einzigen) Besuchsargumente für Almería.

SEHENSWERTES

ALCAZABA ⭐ ● ☼

Der Zugang zur maurischen Zitadelle mit Ursprung im 10. Jh. führt über Zickzack-

rampen und durch das hufeisenförmige Tor der Gerechtigkeit, die *Puerta de la Justicia,* hinter dem sich ein weitläufiges Areal mit Wehrgängen, Türmen und Gartenterrassen öffnet. Nach Schätzungen von Historikern fasste der Verteidigungskomplex bis zu 20 000 Menschen; an klaren Tagen bietet sich meerwärts eine Fernsicht von mehr als 50 km. Auch wenn von dort keine Feinde mehr zu erwarten sind: Die grandiose Aussicht auf die gleißende Weite des Mittelmeers fasziniert auch heutige Besucher. Dazwischen liegen Altstadthäuser, Flachdachterrassen und die Hafenanlagen mit ihren Kühllagern und Verladekränen.

In den Gärten der Vorburg werfen Zypressen und Palmen Schatten, Brunnen und kleine Kanäle strahlen Kühle in stille Winkel ab, Hecken und Beete sind sorgsam gepflegt. Ein zweiter Mauerverbund schützte den Palastkomplex der Burgherren, doch davon ist wenig geblieben.

Umso dominanter platzierten die christlichen Eroberer zu Beginn des 16. Jhs. ihr Kastell in den obersten Teil der Alcazaba: ein Symbol des Triumphs über den Islam, gekrönt vom Huldigungsturm *Torre del Homenaje. So 9–15, Di–Sa April–Sept. 9–20.30, Okt.–März 9–18.30 Uhr | Zugang über die Calle Almanzor*

ALTSTADT
Die Altstadt macht einen provinziellen, regelrecht dörflichen Eindruck und zeigt sich recht unstrukturiert. Einen klassischen Hauptplatz gibt es nicht. Anhaltspunkt ist die klobige *Kathedrale* an der Plaza de la Catedral mit ihren symmetrisch aufgereihten Palmen. Östlich begrenzt wird die Altstadt vom geschäftigen, aber viel befahrenen Paseo de Almería. Die Fußgängerzone um die Calle de las Tiendas fällt äußerst kurz aus. An ihr lohnt das säulenflankierte Seitenportal der *Iglesia de Santiago* einen Blick. Es zeigt den heiligen Jakobus als Maurentöter *(Matamoros)* – so soll er den christlichen Streitern im Mittelalter bei einer Schlacht erschienen sein und sie zum Sieg gegen die Glaubensgegner geführt haben.

KATHEDRALE
Nach der Eroberung Almerías 1489 aus maurischer Hand kam die Gefahr bald von See her: Piraten! Aus Furcht vor Angriffen wurde die Kathedrale ab dem 16. Jh. in wehrhaftem Stil erbaut: so niedrig wie möglich, zinnenbesetzt, kaum Fenster – in der Außenansicht gleicht der Bau mehr einer Burg als einem Gotteshaus. Die Arbeiten hielten bis ins 18. Jh. an und brachten einen Stilmix aus Renaissance und Barock hervor. Im lang gestreckten Inneren setzt sich der Wehrcharakter fort; die Leuchter an den Seiten wirken wie Fackeln. Um den umgehbaren Altarraum legen sich offene Bögen.

Mo–Fr 10–14 und 16–17, Sa 10–14 Uhr | Plaza de la Catedral

ESSEN & TRINKEN

CLUB DE MAR
Hinter dem Yachthafen geht es treppauf in das weiträumige Restaurant mit Fensterfront auf die Boote. Der gastronomische Schwerpunkt liegt auf Fisch und Meeresfrüchten. *Di geschl. | Playa de las Almadrabillas 1 | Tel. 9 50 23 50 48 | www.rcmalmeria.com | €€–€€€*

TAPAS
Traditionelle Tapatreffs sind die *Bar Quinto Toro I (Calle Juan Leal 6)* und die *Casa Puga (Calle Jovellanos 7),* wo Schinken von der Decke hängen. In Kneipen wie

MARCO POLO HIGHLIGHTS

⭐ **Alcazaba in Almería**
Zwischen Zinnen, Türmen und Gartenterrassen im Bann der über tausendjährigen Burg
→ S. 34

⭐ **Desierto de Tabernas**
Menschenfeindliche Szenerie mit Westernkulissen: die Wüste von Tabernas → S. 36

⭐ **Naturpark Cabo de Gata**
Vulkanland, Halbwüste, Klippen, Strände ohne Highlife – der Naturpark Cabo de Gata ist eines der letzten Küstenparadiese Südwesteuropas → S. 38

⭐ **Cala de la Media Luna**
Zwischen Felsmassiv und Felsmassiv, kristallklares Wasser, der Ausblick auf schroffe Abstürze: Die „Halbmondbucht" ist ein echter Strandtraum → S. 42

diesen pflegt man die Sitte, Tapas umsonst zum Bier und zum Wein zu servieren. „Umsonst" stimmt allerdings nicht so ganz, denn das Getränk ist etwas teurer als üblich, die Kombipreise Drink plus Tapa liegen um 2–2,50 Euro.

STRÄNDE

Die Strände beginnen im südöstlichen Stadtgebiet, frequentiert ist die *Playa del Zapillo-El Palmeral.* An der Palmenpromenade *Parque de Nicolás Salmerón* sind bis spätabends Spaziergänger, Jogger, Radler und Inlineskater unterwegs.

AM ABEND

Beliebter Pub ist das *Molly Malone (Paseo de Almería 56),* Livemusik gibt es gelegentlich im *La Cueva (Calle Canónigo Molina Alonso 23 | lacuevaalmeria.com).*

ÜBERNACHTEN

CATEDRAL
Viersternekomfort am Kathedralplatz, behagliches Interieur mit drei verschiedenen Zimmertypen und Preisklassen. Das Gebäude datiert aus der Mitte des 19. Jhs. Im Innern ist ein **INSIDER TIPP** stilvolles Restaurant untergebracht. *20 Zi. | Plaza de la Catedral 8 | Tel. 9 50 27 81 78 | www. hotelcatedral.net | €€*

TORRELUZ II
Mittendrin im Zentrum, gutes Preis-Leistungs-Verhältnis. Etwas teurer ist das *Hotel Torreluz III* am selben Platz. *24 Zi. | Plaza de las Flores | Tel. 9 50 23 43 99 | www.torreluz.com | €*

AUSKUNFT

Parque de Nicolás Salmerón, Ecke Calle Martínez Campos | Tel. 9 50 17 52 20 | *www.turismodealmeria.org (Stadt) und www.almeria-turismo.org (Provinz)*

ZIELE IN DER UMGEBUNG

AGUADULCE (129 D5) (*M5*)
Die wenig attraktiven Neubausiedlungen der Küstenstadt Aguadulce (14 000 Ew.) mit ihren Apartmentkomplexen stehen im Kontrast zu einem der attraktivsten Sporthäfen Andalusiens. Dort laufen die Fäden des Nachtlebens mit Musikbars und Restaurants zusammen, kurz davor endet der passabelste Strandabschnitt. Oberhalb des Hafens zwängt sich die alte Nationalstraße an den Felsen entlang ins knapp 10 km nordöstlich gelegene Almería.

DESIERTO DE TABERNAS ★
(129 D–E 4–5) (*M4*)
Staubig und steindurchsetzt ist der Boden, verkrustet, zerschlitzt von Spalten und Furchen. Unter dem Stahlblau des Himmels dominieren Felsformationen das Bild, die Farbnuancen reichen von Dunkelbraun bis Rostrot. Wer ca. 20 km nördlich von Almería die A 92 nach Granada an der Ausfahrt Tabernas verlässt, darf sich entlang der N 340 a auf ein kurzes, bequemes Wüstensightseeing vom Fahrzeug aus freuen. Die Straße führt durch die Wüste *(desierto)* von Tabernas. Richtig liegt, wer sich in der Gegend an Django, Die glorreichen Sieben und Vier Fäuste für ein Halleluja erinnert fühlt: Legendäre Western wie diese wurden hier gedreht und rückten Almería ins Licht internationaler Filmproduktionen, Ereignisse, denen zwei Westerndörfer an der Strecke Tribut zollen: *Oasys* (siehe Kapitel „Mit Kindern unterwegs") und die *Cinema Studios Fort Bravo – Texas Hollywood* (im Sommer tgl. 9–21, Westernshows im Regelfall um 12.30, 14.30, 17.30 und 19.30, sonst tgl. 9–18 mit Shows um

3200 Stunden im Jahr: Die Sonne heizt den Spiegeln der Plataforma Solar ganz schön ein!

12.30 und 14.30 Uhr | www.fortbravo.es), zu denen vor Tabernas ein ausgeschilderter Pistenabzweig führt. Indianerzelte, ein Palisadenfort und eine staubige Siedlung heben sich aus der Landschaft ab. Galgen, Sheriffhaus, Kirche und Saloon sorgen für Wildwestflair. Für Filmfans ist die authentische Kulisse ein lohnendes Ziel, das allerdings seinen Preis hat.

Der Ort *Tabernas,* ein Stück weiter an der Nationalstraße Richtung Murcia gelegen, wird von einem Maurenkastell aus dem 11./12. Jh. beherrscht, zeigt sich sonst jedoch konturlos.

INSIDER TIPP ▶ PLATAFORMA SOLAR DE ALMERÍA ◎ (129 D–E4) (*M4*)

Die Versuchsfelder des Solarforschungszentrums in der Wüste von Tabernas machen sich das Klima zunutze. Über 3200 Sonnenstunden pro Jahr bilden eine schier unerschöpfliche Ressource für die Gewinnung von Solarenergie, die hier in einem der weltweit bedeutendsten Versuchszentren dieser Art erforscht wird. Ständig werden neue technologische Typen auf ihre Effizienz und Rentabilität getestet.

Wer das etwa 30 km nördlich von Almería gelegene Areal besucht, fühlt sich in ein futuristisches Szenario wie aus einem Science-Fiction-Film versetzt. Rundherum Wüstenberge, mittendrin endlose Spiegelreihen, metallisch glänzende Rohrsysteme, Turbinen, das Solarkraftwerk mit seinem 80 m hohen Turm. Die Anfang der Achtzigerjahre begründete Anlage basiert auf hochkomplizierten Vorgängen und einem schlichten Konzept: die günstigsten und umweltverträglichsten Wege zwischen der Kraft aus dem All und der Steckdose zu finden. Es gibt ein Besucherzentrum. *Teilnahme an geführten Rundgängen (Mo–Fr 10, 12 und 14 Uhr) nach Anmeldung unter Tel. 9 50 38 79 00 oder www.psa.es*

ROQUETAS DE MAR (129 D6) (*M5*)
Das weit auseinandergezogene Roquetas de Mar (80 000 Ew.) knapp 20 km südwestlich von Almería ist ebenso wie die Nachbarstadt Aguadulce Ziel des Pauschaltourismus; abstoßende Wohnwüsten sind nicht zu übersehen. Anziehender sind die ansehnlichen Strandpromenaden und Strände mit Duschen, Palmengrüppchen und Kinderspielgeräten. Makellos ist die *Playa de la Romanilla*. Im Hafen starten während der Saison Ausfahrten mit Glasbodenbooten. Ganz in der Nähe erhebt sich das restaurierte *Kastell (Di–Sa 10–13 und 17–20, So 11–13 Uhr)* aus dem 16. Jh., das Wechselausstellungen zeigt. Im modernen *Teatro-Auditorio* steigen Konzerte. Familien mit Kindern zieht es ins *Aquarium (Juni–Sept. tgl. 10–21, Okt.–Mai Mo–Fr 10–18, Sa/So 10–19 Uhr | www.aquariumroquetas.com)*

und im Sommer in den angrenzenden Aquapark (s. Kapitel „Mit Kindern unterwegs"). *www.roquetasdemar.com*

NATURPARK CABO DE GATA

(129 E–F 5–6) (*M5*) ★ Einen solchen Naturmix finden Sie nirgendwo sonst in Spanien! Vulkanformationen, Salinen, knochentrockene Berge und versteckte Buchten prägen 60 teilweise unberührte Küstenkilometer im *Parque Natural Cabo de Gata-Níjar,* den man sich gleichwohl nicht als komplett abgeschotteten Naturpark vorstellen darf.

Die Übergänge auf den Zufahrtsstraßen aus Richtung Almería oder von der A 7 her, die den Nordrand des Naturparks streift, sind nahtlos; einzig Schilder kündigen den Beginn des Parque Natural an. Über das 500 km² große Schutzgebiet – ein Viertel davon Meeresanteil – verteilen sich Dörfer, Gehöfte, kleine Landstraßen. Ein eigenes Fahrzeug ist für Entdeckungen unerlässlich. Bester Stützpunkt ist San José, wobei zu beachten ist, dass viele Unterkünfte über den Winter ihre Pforten schließen.

Offiziell heißt der Park Cabo de Gata-Níjar, doch den Gemeindenamen Níjar lässt man meist weg, da der Hauptort außerhalb des Parks liegt. Im Süden sticht das Cabo de Gata, ein schroffes Kap, in die See. Geologisch geht das Gebiet auf mehrere vulkanische Phasen vor sechs bis 15 Mio. Jahren zurück. Aschekegel und die typischen kegelförmigen Hügel wie der Morrón de los Genoveses, der über der gleichnamigen Bucht ansteigt, sind Zeugen dieses längst erloschenen Vulkanismus.

Obgleich Treibhäuser bis an die Parkränder drängen, hat eine Kette glücklicher

Umstände den Küstenstreifen vor stärkerem Zugriff durch die Landwirtschafts- und Tourismusindustrie bewahrt. Kurioserweise darf man die Piraten als Urväter des Schutzgebiets bezeichnen: Die stetige Gefahr von Überfällen sorgte dafür, dass die Küste weitgehend unbesiedelt blieb; im Lauf des 18. Jhs. entstanden lediglich einige kleinere Festungsanlagen. Die kargen Berge und Hügel, die sich bis an die Strände ausdehnen, haben Steppen- und Halbwüstencharakter. Eine halbe Stunde Regen im November gilt bereits als Ereignis; zwischen April und Oktober geht im Normalfall kein Tropfen nieder. Einzig der Dunst über Nacht bringt etwas Feuchtigkeit, um Kräuterbüschel, Espartogras und Zwergpalmen überleben zu lassen.

ZIELE IM NATURPARK

CABO DE GATA ☀ *(129 E6) (♫ N5)*
Felskulissen, Leuchtturm, brandende See – das Cabo de Gata fährt die klassischen Zutaten eines Kaps auf, doch noch spektakulärer zeigt sich die danebenliegende Formation *Arrecife de las Sirenas,* deren Felsen wie Nadelspitzen aus dem Meer stechen: ein maritimes Zaubergebirge in Kleinformat, Rest eines vulkanischen Kamins. Bis Mitte des 20. Jhs. lebten hier Mönchsrobben, auf die der Name Sirenas zurückgeht – dem Aberglauben der Fischer zufolge stammten die ausgestoßenen Laute nicht von den Tieren, sondern von Sirenen, Mischwesen aus Frau und Fisch ...
Die einzige Straße zum Kap führt vom oft nur El Cabo de Gata genannten Ort *San Miguel de Cabo de Gata* (kleine Promenade, historischer Wachturm im Sand) über La Almadraba de Monteleva durch den flachen Westteil des Parks. Beiderseits von San Miguel erstreckt sich über einige Kilometer ein kieselig-sandiges Strandband. Dass die Salzgewinnung in den nahen Salinen andauert, lässt sich an den Salzbergen erkennen, die sich kurz vor La Almadraba an der Straße auftürmen.
Ein Abstecher vom Kap ins ☀ **INSIDER TIPP** *Vorgebirge Vela Blanca* gibt die schöns-

Ein Leuchtturm und schroffe Felsen: Cabo de Gata ist ein klassisches Kap

ten Aussichten im Naturpark frei. Motorisiert oder auch zu Fuß geht es wie folgt dorthin: Etwa 300 m vor dem Parkplatz am Kap nehmen Sie das unscheinbare Sträßchen nach links, vorbei am Infozentrum Aula del Mar, an Zwergpalmen und dem Parkplatz oberhalb der Bucht Cala Rajá. Dahinter windet sich die Straße

Das Strandörtchen La Isleta del Moro schiebt sich auf einer Landzunge ins Meer

1,6 km hinauf ins Gebirge, wo der historische Wachturm Vela Blanca und eine Antennenstation als Anhaltspunkte aufragen. An der Antennenstation endet die Straße – mit Traumblicken auf das Kap! Unterhalb des nahen Wachturms liegt Ihnen die buchtenreiche Ostküste des Naturparks Richtung San José zu Füßen. Die Piste hinab zu Stränden und Buchten wie der Cala de la Media Luna ist von dort oben aus für den motorisierten Verkehr gesperrt, nicht aber für Mountainbiker oder Wanderer. Wegen der weiten Inlandsschleife sind es für Autofahrer vom Kap noch rund 30 km bis nach San José.

LA ISLETA DEL MORO ☆
(129 E5–6) (⌂ N5)

Der Strand- und Fischerort an der Ostküste unweit von Pozo de los Frailes ragt auf einer Landspitze in die Bucht hinaus. Schön ist der Blick über die Bucht auf das Frailes-Massiv.

RODALQUILAR (129 E5) (⌂ N5)

Geisterhafte Gebäudeskelette und verfallene Becken erinnern am Ortsrand von Rodalquilar an eine kurze Ära des Goldrauschs. 1883 wurde hier Gold entdeckt; um 1950 waren Hunderte Arbeiter mit dem Abbau des Edelmetalls beschäftigt, doch bereits 1966 sämtliche Adern erschöpft. Schilder mit der Aufschrift „Minas de Oro", Goldminen, weisen im Ortskern zu den Betonruinen. Bei der Anfahrt zum Ort öffnen sich schöne Küstenblicke vom ☆ Aussichtspunkt *Mirador Las Amatistas*.

AUSKUNFT

Das Besucherzentrum des Naturparks liegt wenige Kilometer nordöstlich von San Miguel bei Ruescas/Rambla de Morales; die Anfahrt ist ausgeschildert. *Centro de Visitantes Las Amoladeras | Tel. 9 50 16 04 35*

SAN JOSÉ

(129 E6) (🗺 N5) Mehrere kleine Hotels und Restaurants machen San José (2000 Ew.) zum größten und besten Stützpunkt im Gebiet des Naturparks Cabo de Gata.

Das leuchtende Weiß der Häuser legt sich um die Bucht und greift ein Stück ins Landesinnere, überragt von den schroffen Ausläufern der Sierra de Cabo de Gata mit dem knapp 500 m hohen Frailes-Massiv.

San José liegt als Sackgassenort an der Ostküste des Naturparks am südlichen Ende der einzigen Zufahrt (über El Pozo de los Frailes) vom Inland. Lediglich eine Piste führt dann noch weiter südwestwärts an Traumstrände wie Los Genoveses und Media Luna. Diese Piste ist mit dem eigenen Auto (bei Mietwagen unbedingt vorher die Bestimmungen kontrollieren!), aber auch gut mit Mountainbikes befahrbar. Im Ort spielt sich das Leben um die palmenbestandene Plaza de Génova, die Strandpromenade Paseo Marítimo und den Motorboot- und Seglerhafen ab.

ESSEN & TRINKEN

LA CUEVA DE ANTONIO

Zu den maritimen Spezialitäten zählen Tintenfischsalat und frische Garnelen. Mit großem Terrassenbereich an der Strandpromenade. *Im Hochsommer tgl., sonst Mi geschl. | Paseo Marítimo 37 | Tel. 9 50 38 01 54 | €–€€*

LA TABERNA DEL PUERTO

Nah an der Kaimauer des Hafens werden *calamares* und gegrillte Lammrippchen aufgetischt. Ansonsten stehen am Hafen einige weitere gemütliche Restaurants zur Wahl. *Mi geschl. | Puerto Deportivo | Tel. 9 50 38 00 42 | €€*

STRÄNDE

Am südwestlichen Ende von San José führt eine Piste ca. 8 km parallel zur Küste; am Weg liegen die Abzweige zu den Parkplätzen der Strände. Um dem starken Zulauf im Sommer Herr zu werden, kann es vorkommen, dass – wenn die Parkplätze an den Stränden besetzt sind – ab San José ein Buszubringer eingesetzt wird; das Vorgehen ändert sich von Som-

BIRDWATCHING

Etwa 500–600 rosafarbene Flamingos leben ganzjährig in den Salinen des Naturparks Cabo de Gata. Im Sommer erhöhen sich die Bestände auf bis zu 2500 Tiere. Von frei zugänglichen Schutzhütten aus können Sie die Vögel gut beobachten: kurz vor San Miguel de Cabo de Gata links von der Straße (wenn Sie aus Richtung Rambla de Morales kommen) oder, besser noch, am Observatorio Las Salinas an der Strecke zwischen San Miguel und dem Kap (nach links, ausgeschildert). Mit ein wenig Glück bekommen Sie in den Salinen auch Grau- und Silberreiher, Stelzenläufer, Kormorane und Säbelschnäbler zu Gesicht. Insgesamt kommen in dem Gebiet mehr als 80 Vogelarten vor. Also unbedingt ein Fernglas mitbringen! Sie können die Salinen auch in einer ca. 11 km langen Runde umwandern.

mer zu Sommer und ist nicht vorhersag-
bar. Außerhalb des Hochsommers hat
man weite Strandabschnitte oft praktisch
für sich allein.

Die *Playa de los Genoveses* läuft sichelför-
mig auf den Vulkanhügel Morrón de los
Genoveses zu; am Mittelstück des Strands
gibt es versteinerte Dünen. Zwischen den
Stränden Genoveses und Mónsul liegt
die *Playa Barronal,* ein offizieller Nacktbadestrand. Diesen erreichen Sie, wenn
Sie Ihr Auto auf dem Pistenparkplatz ab-
stellen und knapp zehn Minuten über
Hügel und Sand stapfen. Leichter erreichbar sind die letzten Strände nahe der Piste: die *Playa del Mónsul* und die Cala de
la Media Luna, beide mit staubigen Parkplätzen davor.

Die etwa 300 m breite, auf beiden Seiten
von Felsmassiven eingefasste „Halbmondbucht" ★ *Cala de la Media Luna* ist
der Inbegriff eines naturbelassenen kleinen Traumstrands mit feinem Sand und
kristallklarem Wasser, aber — wie auch
die anderen im Naturpark — vollkommen
schattenlos. An der Küste Richtung Kap
wandert der Blick an schroffen Bergflan-
ken entlang, die davon zeugen, mit wel-
cher Urgewalt die Erde einst ihr Innerstes
nach außen kehrte. Die Farbtöne zerflie-
ßen zwischen Ocker, Kreideweiß und
Rostbraun. Im Hintergrund steigt das
Vorgebirge Vela Blanca auf.

Wer sich von San José in den Nordteil des
Naturparks aufmacht, findet den schöns-
ten Strand zwischen Agua Amarga und
Carboneras, die *Playa de los Muertos.*

FREIZEIT & TOUREN

Ab San José organisiert die *Agentur J 126
– Rutas de la Naturaleza (Avenida de San
José 27 | Tel. 9 50 38 02 99 | cabodegata-ni
jar.com),* die auch neutrale touristische
Auskünfte erteilt, **INSIDER TIPP** Jeeptou-
ren und Wanderungen, auf Anfrage auch

auf Deutsch geführt. Eine Nachtwande-
rung führt im Sommer unter das Sternen-
zelt der Halbwüste. Bei den Touren über
Tag Wasser und Sonnenschutz nicht ver-
gessen!

Tipp für **INSIDER TIPP** eine schöne MTB-
Tour in Eigenregie durch den Naturpark
Cabo de Gata: ab San José (hier auch
Radverleih) der Staub- und Schotterpiste
südwestwärts zu den Stränden folgen;
hinter dem letzten, der Cala de la Media
Luna, an der Sperrschranke vorbei in weiten Schleifen hinauf ins Kapvorgebirge
Vela Blanca, dann auf schlaglochdurch-
setztem Asphalt abwärts zum Kap. Rück-
fahrt auf derselben Strecke, insgesamt
ca. 25 km. Anstrengend!

Wanderer können südwestlich von San
José zunächst ein Stück an der Piste entlang Richtung Playa de los Genoveses
gehen und am Aussichtshügel unterhalb
der Windmühle dem ausgeschilderten

Wanderpfad *Sendero Los Genoveses* schräg nach links folgen. Ziel ist der ab hier 2,3 km entfernte *Morrón de los Genoveses,* ein Vulkanhügel über dem Strand. Hinter der Playa de los Genoveses können **INSIDER TIPP** geübte Wanderer dem Küstenverlauf weiter von Bucht zu Bucht bis zur Playa del Mónsul folgen, aber Vorsicht: Der Weg führt nicht am Wasser entlang, sondern durchs Inland über teils steile Geröllhänge und durch tiefe Senken! Pfade sind zum Teil, aber nicht immer zu erkennen.

ÜBERNACHTEN

INSIDER TIPP DOÑA PAKYTA ● ☼

Ein stilvolles, kleines Hotel, in dem sich der Aufpreis für die Terrasse wegen des Panoramablicks über die Bucht lohnt. Über eine Treppe kommen Sie vom Hotel direkt zum Strand. Das Restaurant *(im Sommer tgl., sonst wechselnde Ruhetage | €€–€€€)* mit seiner Sommerterrasse (in der Hauptsaison reservieren!) steht auch Gästen offen, die nicht im Hotel wohnen. *13 Zi. | Calle Correo 51 | Tel. 9 50 61 11 75 | www.hotelpakyta.es | €€*

EL DORADO ☼

Freundlich geführtes *hostal,* etwas erhöht im Ortskern gelegen. Die Zimmer sind in gutem Zustand, die Preise verstehen sich hier inklusive Frühstück. *27 Zi. | Camino de Aguamarina | Tel. 9 50 38 01 18 | www.hostaleldorado.com | €*

EL SANTUARIO DE SAN JOSÉ

Einfaches, sauberes *hostal* mit Restaurant in bequemer Gehentfernung zu Strand und Hafen. Der Zimmerpreis schließt hier das Frühstück mit ein. *28 Zi. | Camino de Cala Higuera 9 | Tel. 9 50 38 05 03 | www.elsantuariosanjose.es | €*

Dünen und Platz ohne Ende: Nur an Sonnenschutz müssen Sie beim Besuch der Playa del Mónsul denken

GRANADA &
COSTA TROPICAL

Von 0 auf 3481 m – zwischen der zerklüfteten Küste und den Höhenzügen der Sierra Nevada deckt diese Region geografische und landschaftliche Extreme ab. Und kulturell-historisch bringt Sie Granada mit seinem verwinkelten Viertel Albaicín und der Alhambra auf die Spur der Mauren. Die Zauberkraft, die von der Alhambra, dem „Roten Schloss", vom Zuckerbäckerwerk aus Stalaktitenkuppeln und Arabesken ausgeht, ist einzigartig in Europa.

An der Küste steht diese Region nicht für Strandklassiker wie aus dem Bilderbuch, doch immer wieder stößt man zu versteckteren Stränden wie Cantarriján (FKK, steinig) und Marina del Este (klein, kieselig) vor. Ein guter Ausgangspunkt zu unbekannteren Stränden ist das Städtchen Almuñécar. Hier sind die Strände meist steinig-kieselig, dafür ist das Wasser besonders klar. Die Menschen leben hier nicht vom Tourismus allein: In Plantagen wachsen Orangen, Mandeln, Oliven und **INSIDER TIPP** Chirimoyas. Rahm- oder Zuckeräpfel, unter diesen Namen sind die kartoffelgroßen, calciumhaltigen Vorzeigefrüchte der Costa Tropical auch bekannt. Hinter der grünen Schale mit dem charakteristischen Wabenmuster verbirgt sich ein weißes, kernreiches, cremiges, leicht säuerlich schmeckendes Fleisch. Der andere große Genuss dieser Region sind die vielfältigen Tapas. Erst ausgedehnte Häppchenstreifzüge durch die zahlreichen Kneipen und Tavernen der Stadt machen einen Citytrip nach Granada zum ganzheitlichen Erlebnis.

Bild: Löwenhof in der Alhambra

Die höchsten Berge auf dem spanischen Festland, eine „tropische Küste" – und mittendrin das pulsierende Granada mit der Alhambra

ALMUÑÉCAR

(127 E5) *(∅ J5)* **Die gute Luft, 320 Sonnentage pro Jahr und die breiten Strandpromenaden zählen zu den Pluspunkten des Zentrums der Costa Tropical (28 000 Ew.).**

Die steinig-kieseligen Strände dehnen sich über mehrere Landzungen aus, unterbrochen vom Felsmassiv Peñón del Santo. Der Küstenstreifen ist flächendeckend zubetoniert, ein Schicksal, das Almuñécar mit den Ferienzielen der sich im Westen anschließenden Costa del Sol teilt. Das Städtchen blickt auf eine lange und bewegte Geschichte zurück, beginnend mit einer Phöniziersiedlung vor etwa 2800 Jahren. Die Reste ihrer Fischpökelgruben *(fábrica de salazones),* die später die Römer übernahmen, liegen im Park El Majuelo, über dem sich das Kastell erhebt. In der Oberstadt zwischen Burg und Archäologischem Museum liegen die ursprünglichsten Teile des Orts mit ihren Gassen und weiß getünchten Häusern. Da stehen Blumenkübel neben den Eingängen, da kommt es vor, dass Fremde von Älteren noch freundlich gegrüßt werden. Trubelig und geschäftig geht es hingegen nahe dem Rathaus um die Calle Real zu. Im Hinterland liegt die Bergbarriere der Sierra de Almijara im Blick.

(Sommer 18.30–21), So 10.30–13.30 (Sommer 10.30–14) Uhr | Barrio de San Miguel

PARQUE ORNITOLÓGICO LORO SEXI
Informationen zu Almuñécars Vogelpark im Kapitel „Mit Kindern unterwegs".

Im hübschen Ferienstädtchen Almuñécar gibts sogar noch ein paar Fischer

SEHENSWERTES

CASTILLO DE SAN MIGUEL UND **INSIDER TIPP** CUEVA DE LOS SIETE PALACIOS ☼
Die Burg (11.–15. Jh.) ist maurischen Ursprungs, allerdings haben Restauratoren stark Hand angelegt. Auf- und Abgänge führen zwischem altem und neuem Mauerwerk hindurch; Teile des Kastells wurden einst als Gefängnis genutzt. Der kleine, bereits von den Römern genutzte Höhlenkomplex der Cueva de los Siete Palacios beherbergt das *Museo Arqueológico*. Interessant wie die Grottenstrukturen mit ihren Bruchsteinbögen sind die Ausstellungsstücke, zu denen Alabasterkrüge, Amphoren und Öllämpchen zählen. *Di–Sa 10.30–13.30 und 17–19.30*

PEÑÓN DEL SANTO ★ ●
Noch vor der Bezwingung dieses Felsens, der die beiden Hauptstrände Almuñécars voneinander trennt, werden Sie die erste Pause einlegen: am Denkmal für Abderramán I. (731–788), der neben dem Beginn der Treppen übermannsgroß in gebieterischer Pose dasteht. 755 erreichte der gebürtige Syrer auf dem Seeweg die Küste von Almuñécar und stieg als Begründer des Emirats von Córdoba zu einer der wegweisenden Figuren der Mauren in Spanien auf. Vom Standbild geht es 75 Stufen aufwärts. Auf der gekachelten ☼ Aussichtsesplanade sticht ein Metallkreuz in den Himmel. In aller Ruhe lassen sich die Blicke genießen: auf die Weite des Meers und die kahlen Gebirgszüge im Inland, betupft mit dem Weiß von Häusern.

ESSEN & TRINKEN

CALABRE

Fisch und Krustentiere sind Trumpf in diesem Strandrestaurant an der Playa de San Cristóbal, dem westlichen der beiden Hauptstrände Almuñécars. *Im Sommer tgl., sonst Di geschl. | Paseo de las Flores | Tel. 9 58 63 00 80 | €€*

TAPAS

Beliebte Zonen um den *Rathausplatz (Plaza de la Constitución),* die *Plaza Kelibia* und hinter dem *Paseo Puerta del Mar.*

STRÄNDE

Die Strände spannen sich von der östlichen *Playa Velilla* über die citynahen Abschnitte *Puerta del Mar* und *Caletilla* bis zur westlichen, langen *Playa de San Cristóbal;* dort liegen noch Fischerbötchen.

FREIZEIT & SPORT

Auf den Promenaden halten sich Jogger fit, an der Playa Velilla öffnet von Juni bis September ein *Aquapark (www.aqua-tropic.com).*

AM ABEND

Zwischen Altstadt und Playa Puerta del Mar liegt eine beliebte Ausgehzone mit einigen Bars.

ÜBERNACHTEN

HELIOS

Die gute Lage hinter dem Strand San Cristóbal spricht für diesen Hotelblock.

★ **Peñón del Santo in Almuñécar**
Ein Felsenthron zwischen Meer und Bergausläufern mit Blick über die Küste von Almuñécar → S. 46

★ **Salobreña**
Das schönste weiße Dorf an der Costa Tropical – die Schachtelwerke aus Häusern ziehen sich den Burgberg hinauf → S. 48

★ **Albaicín in Granada**
Unterwegs in Granadas stimmungsvollstem Stadtviertel mit grandiosen Blicken auf die Alhambra → S. 50

★ **Alhambra in Granada**
Traumpaläste und paradiesische Innenhöfe in verschwenderischen Dekors machen das „Rote Schloss" der Nasridenfürsten zum Weltwunder → S. 50

★ **Capilla Real in Granada**
Die Grabkapelle der Katholischen Könige mit dem prächtigen Mausoleum aus Marmor → S. 53

★ **Tapakneipen in Granada**
In der Studentenstadt vibriert die Stimmung in den Bars, in denen es Häppchen kostenlos zum Getränk gibt → S. 60

★ **Barrio de Cuevas in Guadix**
Das Höhlenviertel ist einzigartig in Spanien – noch heute leben Tausende Menschen in Wohnhöhlen, über denen kunstvolle Schornsteine aufragen → S. 61

★ **Sierra Nevada**
Das höchste Gebirge der Iberischen Halbinsel wird im Winter zum Skirevier → S. 62

MARCO POLO HIGHLIGHTS

ALMUÑÉCAR

Viele ❄ Zimmer mit Meerblick, Pool. *232 Zi. | Paseo de las Flores | Tel. 9 58 63 06 36 | www.helios-hotels.com | €€*

VELILLA
Hostal beim östlich gelegenen Velilla-Strand, faire Preise, alle Zimmer mit Bad. *28 Zi. | Paseo de Velilla 20 | Tel. 9 58 63 07 58 | www.hostalvelilla.com | €*

AUSKUNFT

Der *Palacete de la Najarra,* ein Palais in neomaurischem Stil, gibt den **INSIDER TIPP** ungewöhnlichen Rahmen für das Touristenbüro ab. *Avenida de Europa | Tel. 9 58 63 11 25 | www.turimoalmunecar.com*

ZIELE IN DER UMGEBUNG

LA HERRADURA (127 E5) (*ſ H5*)
Herradura heißt „Hufeisen", abgeleitet von der hufeisenförmigen Bucht, an die der 3000-Ew.-Ort stößt. Alles läuft auf den ca. 2 km langen Strand zu, der eine gute Alternative zu den Stränden im 8 km östlich gelegenen Almuñécar ist. Vom dunklen, steindurchsetzten Strand schaut man in die Hügelwelt im Hinterland. Trotz einiger guter Restaurants wie *El Bambú (tgl. | Paseo Andrés Segovia | Tel. 9 58 82 72 27 | €€)* hat La Herradura nicht den Charakter eines typischen international entdeckten Urlaubsorts; es sind eher spanische Familien, die hierherkommen.

MARINA DEL ESTE ●
(127 E5) (*ſ H–J5*)
Marina del Este ist einer der malerischsten Sporthäfen in Andalusien. Um den kleinen, von Felsen begrenzten Einschnitt des Hafenbeckens ca. 5 km südwestlich von Almuñécar geht es geruhsam zu; ein paar Restaurantterrassen bieten sich zur Einkehr an. In der Nähe liegt die *Playa Marina del Este,* ein 150 m breiter Kieselstrand.

INSIDER TIPP PLAYA DE CANTARRIJÁN ❄ (127 D–E5) (*ſ H5*)
Dieser offizielle Nacktbadestrand *(playa naturista)* ca. 12 km westlich von Almuñécar ist steinig und breitet sich etwa 300 m zwischen Felsen aus. In der Saison öffnet meist ein Strandrestaurant. Ansonsten genießt man die Abgeschiedenheit und die schönen Blicke auf die Klippen, die zu einem kleinen Naturschutzgebiet gehören, dem *Paraje Natural Acantilados de Maro-Cerro Gordo.* Zum Strand führt ein ausgeschilderter 1,4-km-Abzweig von der ❄ N 340 Richtung Nerja, die sich hoch über der Küste erhebt und durch Panoramablicke auszeichnet. Auch für Nichtnackte ein nettes Strandziel!

SALOBREÑA ★ (127 E5) (*ſ J5*)
Ein gigantischer Fels, hoch oben die Burg, ineinander verschachtelte Würfel aus weißen Häusern – so steigt Salobreña 15 km östlich von Almuñécar aus der Küstenebene. Gassen führen steil hinauf ins Oberdorf, wo sich die ❄ Aussichtspromenade *Paseo de las Flores* um den Kastellhügel zieht. Ein leichter Wind raschelt in Palmen und Bougainvilleenhecken, der Ausblick auf die Sierra Nevada ist phantastisch.
Etwas außerhalb Richtung Almuñécar liegt das ❄ *Best Western Hotel Salobreña (198 Zi. | N 340 km 323 | Tel. 9 58 61 02 61 | www.bestwesternhotelsalobrena.com | €–€€).* Der auf den ersten Blick uncharmant wirkende Kasten zeichnet sich durch ein **INSIDER TIPP** bemerkenswertes Preis-Leistungs-Verhältnis und einen besonders großen Pool aus. Wer es kleiner und exklusiver liebt, quartiert sich in der ❄ *Casa de los Bates (6 Zi. | N 340*

Eine arabische Festung thront über dem alten Kern von Salobreña, dem Badeort der Granadiner

km 329,5 | Tel. 9 58 34 94 95 | www.casa delosbates.com | €€) ein, einem zum Landhaus umfunktionierten Herrensitz aus dem 19. Jh.

GRANADA

KARTE IM HINTEREN UMSCHLAG

(127 E3) (𝄞 J4) **Granada, im Dialekt der Andalusier kurz Graná, ist eine der attraktivsten Städte Spaniens. Eine Stadt, die Leben und Geschichte auf Schritt und Tritt atmet, eine Stadt der Studenten, Plätze, Promenaden, Kneipen, lauschigen Winkel.**

Am Fuß der Sierra Nevada auf etwa 700 m Höhe gelegen, läuft die Provinzmetropole in einer weiten Hochebene aus, der Vega de Granada. Die Dynastie der Nasriden machte Granada im 13. Jh. zum Herz ihres Reichs, zu einem Stück Morgenland im Abendland, zur letzten Bastion der Mauren auf der Iberischen Halbinsel. Den Katholischen Königen Isa-

bella und Ferdinand fiel 1492 der Ruhm der Eroberung zu; allerdings gab Sultan Boabdil seine Alhambra, das „Rote Schloss", friedlich aus der Hand.

„Wer Granada nicht gesehen hat, hat nichts gesehen" lautet ein geflügelter Spruch. Wie wahr! Der Palastbezirk der

CITY WOHIN ZUERST?

Auf das Flair der Stadt stimmen Sie sich am besten um die **Plaza Bib-Rambla (U C4)** (𝄞 c4) ein und lassen sich im Anschluss durch die geschäftige Alcaicería treiben. Von dort ist es nicht weit zur Kathedrale und zur Capilla Real. Der Busbahnhof liegt weit außerhalb an der Carretera de Jaén. Von dort fahren die Busse 3 und 33 in die City. Parkhäuser im Zentrum: Puerta Real (Acera del Darro 30), El Corte Inglés (Carrera del Genil) und San Agustín (Plaza de San Agustín).

GRANADA

Monumentales Gesamtkunstwerk vor der Kulisse der Sierra Nevada: die Alhambra

Alhambra ist ein einziger Zauber aus Tausendundeiner Nacht, das alte Maurenviertel Albaicín ein Gewirr aus tausendundeinem Winkel. Dank derlei Faszination verzeiht man Granada (270 000 Ew.) seine unansehnlichen Neubauzonen, seine Staus und problematischen Verkehrsführungen.

Autofahrer sollten die Innenstadt weitläufig meiden – in Teilen der City herrscht ein videoüberwachtes Durchfahrtsverbot für den Normalverkehr, was für Auswärtige nicht immer eindeutig erkennbar ist. Dazu kommt der Mangel an Parkplätzen, viele Hotels haben keine eigene Garage. Entspannte Alternative zu einem überteuerten Parkhaus ist es, den Wagen etwas außerhalb abzustellen und für ein paar Euro ein Taxi in die Stadt zu nehmen. Dort kann man sich gut zu Fuß oder in Bussen fortbewegen. Wem der Aufstieg in die Viertel Albaicín und Sacromonte zu beschwerlich ist, steigt in einen der öffentlichen Minibusse (Linien 31 und 34). Zur Alhambra gehen Sie zu Fuß von der Plaza Nueva über die Cuesta de Gomérez hinauf oder nehmen einen Bus der Linien 30 und 32. Autos gelangen über eine weite, ausgeschilderte Anfahrtschleife zum Großparkplatz an der Alhambra.

SEHENSWERTES

ALBAICÍN ★ (U D–E2) (ш d–e2)

Enge Gassen, steil an den Hang gesetzt, kalkweiße Häuser mit Dachterrassen, winzige Plätze, dazu Zypressen, Palmen, Pflanzenkübel, Bougainvilleen, Kabelstränge und bunte Kacheln an den Fassaden, zuweilen blätternder Putz: All das ist der Albaicín (auch: Albayzín), der einst von Tausenden Muslimen bewohnt war. In der verkehrsfreien Gasse *Calderería Nueva* kultivieren Teestuben *(teterías)* das arabische Flair, weiter aufwärts im Gassengewirr des Viertels wartet als Höhepunkt der ● ☙ *Mirador de San Nicolás,* ein Aussichtsplatz mit Traumblick auf die Alhambra. Nahebei verrät die moderne Moschee *Mezquita Mayor* (Gärten und ☙ Aussichtspunkt zugänglich), dass die Muslime 1492 nicht auf ewig vertrieben wurden – heute leben wieder mehrere Tausend in Granada. Ein zweiter Aussichtspunkt, der ☙ *Mirador de San Cristóbal,* liegt am äußersten Nordrand des Albaicín bei der Nationalstraße nach Murcia.

ALHAMBRA ★ ●

(U D–E 3–4) (ш d–e 3–4)

Von außen abschreckend wehrhaft, im Innern ein irdisches Paradies – der Al-

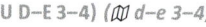

hambra, wegen ihrer rötlich-braunen Mauern „Rotes Schloss" genannt, lag ein geniales Konzept zugrunde. Die Baumeister sollten den im 13./14. Jh. erbauten Palastbezirk der Nasridenherrscher mit einem Mantel aus wuchtigen, zinnenbewehrten Mauern schützen und tarnen. Dieser Palastbezirk, die *Palacios Nazaríes,* ist Herz und Höhepunkt der Alhambra, die sich hoch über dem Flusseinschnitt des Darro über ein ausgedehntes Hügelplateau erstreckt.

Außer dem Palastbezirk gibt es drei weitere Bereiche: die Vorburg *Alcazaba,* die Sommerresidenz *Generalife* und den *Palacio de Carlos V (s. separater Eintrag),* ein Renaissancepalais, das zum Zeichen des Triumphs über den Islam im 16. Jh. seinen Platz auf dem Alhambrahügel fand. Für seinen Bau mussten – ebenso wie für die benachbarte Kirche Santa María – Teile der Alhambra weichen, zum Glück weniger bedeutsame. Auf der Alcazaba befanden sich die Wohnhäuser der

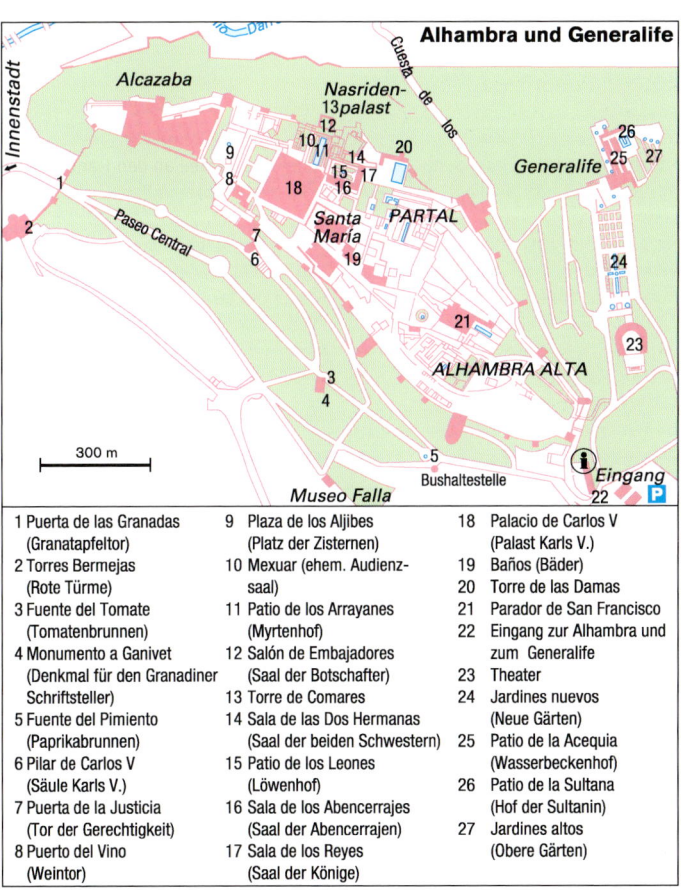

Alhambra und Generalife

300 m

1 Puerta de las Granadas
  (Granatapfeltor)
2 Torres Bermejas
  (Rote Türme)
3 Fuente del Tomate
  (Tomatenbrunnen)
4 Monumento a Ganivet
  (Denkmal für den Granadiner
  Schriftsteller)
5 Fuente del Pimiento
  (Paprikabrunnen)
6 Pilar de Carlos V
  (Säule Karls V.)
7 Puerta de la Justicia
  (Tor der Gerechtigkeit)
8 Puerto del Vino
  (Weintor)

9 Plaza de los Aljibes
  (Platz der Zisternen)
10 Mexuar (ehem. Audienz-
  saal)
11 Patio de los Arrayanes
  (Myrtenhof)
12 Salón de Embajadores
  (Saal der Botschafter)
13 Torre de Comares
14 Sala de las Dos Hermanas
  (Saal der beiden Schwestern)
15 Patio de los Leones
  (Löwenhof)
16 Sala de los Abencerrajes
  (Saal der Abencerrajen)
17 Sala de los Reyes
  (Saal der Könige)

18 Palacio de Carlos V
  (Palast Karls V.)
19 Baños (Bäder)
20 Torre de las Damas
21 Parador de San Francisco
22 Eingang zur Alhambra und
  zum Generalife
23 Theater
24 Jardines nuevos
  (Neue Gärten)
25 Patio de la Acequia
  (Wasserbeckenhof)
26 Patio de la Sultana
  (Hof der Sultanin)
27 Jardines altos
  (Obere Gärten)

Wachleute, Silos und Stallungen; der Turmaufstieg auf die 🌿 *Torre de la Vela* wird mit einem grandiosen Stadtpanorama belohnt.

Schmuckbänder aus Keramik, filigrane Bögen und Säulenwälder und reiche Stuckornamente (bildliche Darstellungen verbietet der Islam) säumen den Gang durch die Palacios Nazaríes. Der Zutritt in den Palastbereich führt durch den einstigen Gerichtssaal *Mexuar,* der von den Katholischen Königen in eine Kapelle verwandelt wurde, bevor sich ein erster Innenhof mit reichen Stuckornamenten öffnet: der *Patio del Cuarto Dorado.* Ein Winkelgang bringt Sie weiter in den Myrtenhof,

den *Patio de los Arrayanes,* in dem sich Myrtenhecken um das lange Bassin ziehen, in dem sich der *Comares-Turm* wie ein Traumbild spiegelt. Im angrenzenden Botschaftersaal *Salón de Embajadores,* der von einer Intarsienkuppel aus 8017 Zedernholzstückchen überspannt wird, empfing der Nasridenfürst auswärtige Diplomaten; es ist der größte Saal in der Alhambra.

Ein Durchgang leitet vom Myrten- in den Löwenhof *Patio de los Leones* mit seinem von zwölf marmornen Löwen getragenen Brunnenbecken und Galerien aus 124 filigranen Marmorsäulen. Ab dort zweigen Zugänge in die *Sala de los Abencerrajes* und die *Sala de las Dos Hermanas* ab, beide mit herrlichen Stalaktitenkuppeln aus Stuck; einst lag hier der Zutritt zu den Haremsgemächern. Heizen ließen sich die Räumlichkeiten übrigens mit Holzkohlebecken, und eine Besonderheit waren Holzjalousien, die von einer Seite den Blick hindurch erlaubten, ohne selber gesehen zu werden.

Zum Palastkomplex gehörten außerdem Bäder und Gärten, und immer wieder öffnen sich Traumblicke auf den Albaicín. Der oberhalb gelegene *Generalife,* der Sommersitz der Nasriden, ist von labyrinthischen Parkanlagen mit Wasserspielen und sorgsam beschnittenen Hecken durchsetzt, die im *Patio de la Acequia* auf einen Palast zulaufen. Verschlungene Wege wechseln sich in den Gärten mit breiten Promenaden ab, Brunnen und winzige Kanäle verfehlten schon unter den Mauren ihre beruhigende Wirkung nicht.

Ein Besuch der Alhambra setzt Planung voraus, vor allem in der Sommersaison. Es gibt zwar einen Direktverkauf für denselben Tag an der Alhambrakasse, doch da der Zugang begrenzt ist und man sich außerdem sehr früh morgens an der Kasse anstellen müsste, empfiehlt sich drin-

LOW BUDG€T

▶ In Granadas städtischem Touristenbüro an der Plaza del Carmen und im *Parque de las Ciencias (Di–Sa 10–19, So 10–15 Uhr | Avenida de la Ciencia)* ist das Cityticket *Bono Turístico de Granada* zu einem reduzierten Preis erhältlich: Für drei Tage kostet es 25, für fünf Tage 30 Euro. Es schließt u. a. den Eintritt in Alhambra und Kathedrale ein sowie fünf bzw. neun Freifahrten in den öffentlichen Bussen. In der zentralen Zweigstelle der Caja Granada an der Plaza Isabel la Católica kostet das Ticket 2 bzw. 2,50 Euro mehr. Auch für Kinder ist das Ticket als *Bono Infantil* erhältlich.

▶ Der Eintritt ist frei im Unterbereich des Palacio de Carlos V in Granada. Er beherbergt das ● *Museo de la Alhambra (Di–So 9–14 Uhr).* Das Museum zeigt die hispanomaurische Kunst des Mittelalters mit Keramik, Stuck- und Einlegearbeiten.

gend eine frühzeitige Reservierung. Dies geht über die Website *www.alhambra-ti ckets.es* oder unter *Tel. 0034 9 34 92 37 50 (engl., frz., span., innerhalb Spaniens die Landesvorwahl 0034 weglassen).* Für den Vorverkauf brauchen Sie eine Kreditkarte; pro Person dürfen maximal zehn Ti-

soziale Treffpunkte und zur Entspannung von Geist und Körper. Ein kleiner Innenhof gibt den Weg frei in die einstigen Schwitz- und Ruheräume mit ihren Ziegelstrukturen, Hufeisenbögen und sternförmigen Lichteinlässen. *Di–Sa 10–14 Uhr | Carrera del Darro 31*

Eine Oase der Ruhe, ein kühles, grünes Idyll: Patio de la Acequia in den Gärten des Generalife

ckets *(14,30 Euro)* bestellt werden. Die Besuchszeiten sind strikt vorgegeben – bei Spätankömmlingen gibt es keine Ausnahme! Eine interessante Option ist sicher ein Spätabendbesuch *(visita nocturna). März–Okt. tgl. 8.30–20, Di–Sa auch 22–23.30, Nov.–Feb. tgl. 8.30–18, Fr/Sa auch 20–21.30 Uhr | www.alhambra-pat ronato.es*

BAÑOS ÁRABES (EL BAÑUELO)
(U D3) (🗺 d3)
Ein unscheinbarer Eingang mündet in die Arabischen Bäder aus dem 11. Jh., von denen es im Granada des Mittelalters 21 gab. Den Mauren dienten die Thermen nicht nur zur Reinigung, sondern auch als

CAPILLA REAL ★ ● (U C3) (🗺 c3)
Inmitten des spätgotischen Prunks der an die Kathedrale angebauten Königskapelle liegt Spaniens berühmtestes Monarchenpaar begraben: Isabella von Kastilien (1451–1504) und Ferdinand von Aragón (1452–1516), die „Katholischen Könige". Unter ihrer Herrschaft begann durch den Fall des maurischen Granada und Kolumbus' gleichzeitige Entdeckung Amerikas eine neue Zeitrechnung nicht nur in Spanien, sondern in ganz Europa. Der Italiener Domenico Fancelli schuf das Mausoleum mit den Marmorfiguren des Königspaars. In der Kapelle haben ferner die kastilische Thronerbin Johanna die Wahnsinnige (1479–1555) und ihr Mann

Philipp der Schöne (1478–1506) sowie ein Enkel Isabellas und Ferdinands ihre letzte Ruhe gefunden. Ein Treppenabgang erlaubt den Blick in die schlicht gehaltene Krypta mit den fünf Bleisärgen. Prunkstücke im angeschlossenen Museum sind Ferdinands Schwert sowie Krone und Zepter von Isabella. *April–Okt. Mo–Sa 10.30–13 und 16–19, So 11–13 und 16–19, Nov.–März Mo–Sa 10.30–13 und 15.30–18.30, So 11–13 und 15.30–18.30 Uhr | Calle Oficios 3 | www.capillarealgranada.com*

CASA DE LOS PISA (U D3) (*♏ d3*)

Die sehenswerte Casa de los Pisa ist ein besonders schöner, seit dem 16. Jh. sehr gut erhaltener Renaissancepalast, der dazugehörige **INSIDER TIPP** historische Innenhof einer der schönsten. Der Palast ist als Museum zum Gedenken an den hl. Juan de Dios (1495–1550) eingerichtet. Sein letzter Lebensabschnitt in Granada stand im Zeichen des Diensts an den Bedürftigsten: Er gründete ein Armenspital, pflegte Gelähmte und Kranke. Station eines geführten Rundgangs ist sein Sterbezimmer, begraben liegt er indes in der ihm geweihten Barockbasilika. *Mo–Sa 10 –13.30 Uhr | Calle Convalecencia 1 | www. museosanjuandedios.es*

CASA DE LOS TIROS (U C–D4) (*♏ c–d4*)

Typisch spanisches Turmhaus aus dem 16. Jh. im Renaissancestil, das ein Kulturmuseum beherbergt. Zu sehen sind u. a. Keramik, Königsporträts, historische Alhambraansichten und Gemälde mit volkstümlichen Szenen. Das Goldene Zimmer *(Cuadra Dorada)* schmückt eine verschwenderisch dekorierte Deckenverkleidung. *Di 14.30–20.30, Mi–Sa 9–20.30, So 9–14.30 Uhr | Calle Pavaneras 19 | www.museosde andalucia.es*

INSIDER TIPP CASA-MUSEO FEDERICO GARCÍA LORCA (HUERTA DE SAN VICENTE) (U A5) (*♏ a5*)

Einst fern der Stadt gelegen, dringt heute das Rauschen der Umgehungsstraße bis

Ein Mausoleum zu Ehren der „Katholischen Könige" Ferdinand und Isabel: die Capilla Real

an das Landgut. Das kalkweiße Anwesen diente der Familie von Federico García Lorca von 1926 bis 1936 als Sommersitz; hier fand Andalusiens bedeutendster Dramatiker Zeit zur Arbeit an neuen Werken. Die Führungen dauern etwa 30 Minuten und leiten in den Salon, die Küche und das Klavierzimmer, das ein Gemälde von Lorcas Freund Salvador Dalí ziert. Im Obergeschoss stehen Bett und Schreibtisch in Federicos Zimmer, die benachbarten Räume werden für wechselnde Ausstellungen zum Leben und Schaffen des Dichters genutzt. Um die Huerta de San Vicente breitet sich der gefällig angelegte Parque García Lorca aus. Mittwochs ist der Eintritt ins Museum frei! *April–Juni und Sept. Di–So 10–12.30 und 17–19.30, Juli/Aug. 10–14.30, Okt.–März 10–12.30 und 16–18.30 Uhr | Calle Virgen Blanca | www.huertadesanvicente.com*

INSIDER TIPP CASA-MUSEO MANUEL DE FALLA (U E4) (*m e4*)

Manuel de Falla (1876–1946) gilt als einer der größten Komponisten Spaniens. Von 1922 bis 1939, dem Jahr seiner Emigration nach Argentinien, wohnte er in diesem *carmen*, einer typisch granadinischen Villa mit blau gestrichenen Fensterläden. Hoch über der Ebene und den Häusern genoss er „das schönste Panorama der Welt", so seine euphorischen Worte. Der Minisalon war Treffpunkt von Künstlerkollegen. Der Maler Ignacio Zuloaga kam gerne, Federico García Lorca, der spätere Literaturnobelpreisträger Juan Ramón Jiménez. Rundgänge führen durch das verwinkelte Innere in die Küche, in sein Studio mit dem Klavier sowie in die Schlafzimmer Fallas und seiner Schwester. Aus Fallas Besitz sind viele Stücke erhalten, darunter Krawatten und Hüte. *Di–Sa, Juli/Aug. Do–So 10–14 Uhr | Calle Antequeruela Alta 11 | www.museo manueldefalla.com*

CATEDRAL (U C3) (*m c3*)

Granadas über 100 m lange Kathedrale ist ein Beispiel für übertriebenen Glaubensgigantismus. Zunächst von Enrique Egas begonnen, dann unter Diego de Siloé ab etwa 1530 im Stil der Renaissance weitergeführt, zogen sich die Arbeiten bis 1704 hin. Der Turm ist unvollendet geblieben, die Hauptfassade barock. Im Innern fühlt man sich unter mächtigen Bündelpfeilern, Orgelemporen und Großgemälden des Granadiners Alonso Cano (1601–1667) fast ein wenig verloren. *Mo–Sa 10.45–13.30 und 16–19, So 16–19, April–Okt. jeweils bis 20 Uhr | Gran Vía de Colón*

MONASTERIO DE LA CARTUJA (O) (*m O*)

Etwas außerhalb der Innenstadt liegt das 1506 gegründete Kartäuserkloster, dessen Besuch wegen der Kirche und der Sakristei in überschwänglichem Barock lohnt. *April–Okt. tgl. 10–13 und 16–20, Nov.–März 10–13 und 15–18 Uhr | Paseo de la Cartuja*

MONASTERIO DE SAN JERÓNIMO (U B2–3) (*m b2–3*)

Nach dem Fall des islamischen Granada und unterstützt vom christlichen Königshaus, dauerte es nicht lange, bis die Ordensgemeinschaften anrückten. So auch die Hieronymiten, auf die diese 1504–1563 erbaute Klosteranlage zurückgeht. Heute lebt hier eine winzige Gemeinschaft des weiblichen Ordenszweigs. Höhepunkte eines Rundgangs sind der doppelstöckige Kreuzgang mit Orangenbäumchen und schönem Blick auf den Glockenturm und das überkuppelte Kircheninnere mit einem Hochaltar, wie Sie ihn in einer solchen INSIDER TIPP Farbpracht aus Relief- und Figurennischen selten zu sehen bekommen. *April–Okt. tgl. 10–14 und 16–19.30, Nov.–März 10–*

13.30 und 15–18.30 Uhr | Compás de San Jerónimo

MUSEO ARQUEOLÓGICO Y ETNOLÓGICO (U D3) (*m d3*)

Schon der Rahmen des Archäologisch-Ethnologischen Museums lohnt den Einblick: das Palais *Casa de Castril* aus dem 16. Jh. mit Hofrechteck und grazilen Bögen. Die Ausstellungssäle decken die Epochen von der Altsteinzeit bis zur Ära der Mauren ab – Faustkeile, Alabasterfigürchen, Keramik, Kapitelle. Von der ⚓ oberen Ebene des Innenhofs haben Sie einen schönen Blick auf die Alhambra. Gelegentlich finden im Hof Konzerte statt. *Zzt. wegen Renovierung geschl. | Carrera del Darro 41 | www.museosdeandalucia.es*

PALACIO DE CARLOS V (U E3) (*m e3*)

Im Grundriss quadratisch, im Innern ein offener, runder Hof mit einem Durchmesser von 30 m – die Struktur des Palasts ist ungewöhnlich und mit ihren zwei der ursprünglich geplanten drei Ebenen unvollendet geblieben. Benannt nach Kaiser Karl V., der ab 1516 als Karl I. König von Spanien war, hat es dem nie bewohnten Palast von Anfang an an einer Funktion gemangelt. Heute ist im Unterbereich das *Alhambra-Museum* (s. „Low Budget") untergebracht, oben das *Museum der Schönen Künste (Museo de Bellas Artes | März–Okt. Di 14.30–20, Mi–Sa 9 –20, So 9–14.30, Nov.–Feb. Di 14.30–18, Mi–Sa 9–18, So 9–14.30 Uhr)*. In dem regional ausgerichteten Museum spannt sich der Bogen von der Renaissance bis zur zeitgenössischen Kunst. Zu den Höhepunkten zählen historische Ansichten der Alhambra sowie Werke der Granadiner Maler Alonso Cano (1601–1667) und Manuel Gómez Moreno (1870–1970). Der säulenumzogene Palasthof ist frei zugänglich und verströmt im Sommer angenehme Kühle.

PARQUE DE LAS CIENCIAS (O) (*m O*)

Alles Wissenswerte zum interaktiven Wissenschaftsmuseum finden Sie im Kapitel „Mit Kindern unterwegs".

PASEO DE LOS TRISTES ⚓ (U E3) (*m e3*)

Am Ende der Carrera del Darro, zwischen dem Albaicín und der Flusssenke des Río Darro, zieht sich diese Promenade hin. Restaurantterrassen und Ruhebänkchen laden ein, den Traumblick hinauf zur Breitseite der Alhambra zu genießen, vor allem bei Dunkelheit, wenn das angestrahlte „Rote Schloss" in erhabener Ruhe daliegt. `INSIDER TIPP` **Ein Platz für Romantiker.**

PLAZA BIB-RAMBLA ● (U C4) (*m c4*)

Dieser Platz ist dank seiner zentralen Lage und der geschäftigen Gassen wie der Calle Zacatín, die in ihn münden, der Treffpunkt schlechthin in der Altstadt. In der Mitte des Platzrechtecks plätschert der Neptunbrunnen, rundherum liegen Cafés und Restaurants. Zwei weitere Traditionsplätze liegen in der Nähe: Die *Plaza de la Romanilla* mit dem brandneuen Kulturzentrum Federico García Lorca bietet einen guten Blick auf den Kathedralturm. Um die baumbestandene *Plaza de la Trinidad* konzentrieren sich viele Tapakneipen, die unter den Granadinern einen hervorragenden Ruf genießen.

PLAZA NUEVA (U C3) (*m c3*)

Städtisches Drehkreuz, Einstiegspunkt in den Albaicín und hinauf zur Alhambra, stimmungsvolle Ausgehzone am Abend – die Plaza Nueva ist alles in einem. Begrenzt wird der Platz von der Renaissancefront des einstigen Königlichen Gerichtshofs *Real Chancillería* und geht in die *Plaza de Santa Ana* über, vor der Granadas kleinerer Fluss, der Río Darro, in einem unterirdischen Kanal verschwindet. Auf dem Grund der Kirche *Santa Ana* stand zu Zeiten der Mauren eine Moschee.

PLAZA DE LA UNIVERSIDAD
(U B3) (🛋 b3)
Der Lärmpegel der Studenten gehört zu dem pulsierenden Platz vor der Juristischen Fakultät wie die Kirche Santos Justo y Pastor. Die Plaza verschmilzt mit der *Plaza de la Encarnación,* die sich ideal für eine Rast in einem der Cafés eignet.

SACROMONTE 🌿 (U F2) (🛋 f2)
Wohnhöhlen mit weiß getünchten Zugängen, Flamenco und *gitanos,* die „Zigeuner", haben Granadas entlegenes altes Stadtviertel Sacromonte bekannt gemacht. Die ersten *gitanos,* so sagt man, kamen als Metallhandwerker mit den Truppen der Katholischen Könige nach Granada. Der Sacromonte ist ein Stück Land am Rand der Stadt, hoch über dem Flusstal des Darro, mit Gärten, Seitenblicken auf die Alhambra, Resten des Stadtmauergürtels und einem Wildwuchs an Agaven und Feigenkakteen. Wäsche trocknet vor den Häusern, nicht überall sieht es gepflegt aus. Düstere Ecken sind nachts unbedingt zu meiden. Tags führt der Weg abseits von Granadas Hauptbesucherpfaden hinauf zum INSIDER TIPP *Museo Cuevas del Sacromonte (April–Okt. tgl. 10–14 und 17–20.30, Nov.–März 10–14 und 16–19 Uhr | Barranco de los Negros | www.sacromontegranada.com).* Dieses volkskundliche Museum veranschaulicht in einer Reihe von nebeneinander liegenden Höhlen das traditionelle Leben in diesen. Geschlafen wurde stets im hinteren Teil, gekocht ganz vorne. Außerdem gab es Werkzeug- und Nahrungslager und Höhlenstallungen für Esel und Maultiere. Der Besuch lässt sich gut mit einem Drink auf der Terrasse der Museumsbar beschließen.

Ein Stück oberhalb des Viertels liegt die *Abadía del Sacromonte (Di–So 11–13 und 16–18 Uhr | Camino del Sacromonte)* in der Bergeinsamkeit, eine Abtei aus dem 17. Jh., die kleine Kunstschätze und in der Tiefe INSIDER TIPP Katakomben aus römischer Zeit bewahrt.

Im Viertel Sacromonte finden Sie Granadas Flamencolokale

ESSEN & TRINKEN

Granada ist ein wahres Paradies für Liebhaber von Tapakneipen (siehe „Am Abend").

ALACENA DE LAS MONJAS
(U C4) (🛋 c4)
Gepflegte Küche mit sorgsam zubereiteten Fleischgerichten und pfiffigen Ideen, darunter als Vorspeise Auberginen mit Honig *(berenjenas a la miel).* So-Abend geschl. | Plaza del Padre Suarez 5 | Tel. 9 58 22 95 19 | www.alacenadelasmonjas. com | €€€

CARMEN DE SAN MIGUEL
(U D4) (🗺 d4)

Innovative Akzente setzt dieses Restaurant, das etwas versteckt bei den Stadtmauertürmen Bermejas liegt. Gut sortierte Weinkarte, schöne 🍃 Aussichtsterrasse. *So, im Winter So-Abend geschl. | Plaza Torres Bermejas 3 | Tel. 9 58 22 67 23 | www.carmensanmiguel.com | €€€*

NUEVO (U C4) (🗺 c4)

Inmitten einer beliebten Kneipen- und Restaurantzone pflegt das Nuevo seine Speisetradition seit 1963. Es stehen mehrere Menüs und *raciones* zur Wahl. Man sitzt drinnen unter Holzbalken oder draußen auf der Terrasse. *Tgl. | Calle Navas 25 | Tel. 9 58 22 67 63 | €–€€*

LAS TITAS (U D5) (🗺 d5)

Restaurant- und Cafépavillon mit `INSIDER TIPP▶` angenehmer Terrasse etwas abseits der Hauptpfade in den Gärten nahe der Flusspromenade am Río Genil. Günstiges Mittagsmenü. *Tgl. | Paseo de la Bomba | Tel. 9 58 12 00 19 | €–€€*

VIA COLÓN (U C3) (🗺 c3)

Wer ein Plätzchen mit Terrasse mitten im Altstadtgeschehen sucht, ist hier gleich neben der Kathedrale richtig. Speisekarte mit breiter Auswahl, zu den Spezialitäten zählen mit Seeteufel und Krabben gefüllte Auberginen *(berenjenas rellenas)* sowie Saubohnen *(habas)* mit Serranoschinken und Ei. *Tgl. | Gran Vía de Colón 13 | Tel. 9 58 22 07 52 | www.restaurante viacolon.es | €–€€*

EINKAUFEN

ALCAICERÍA (U C3–4) (🗺 c3–4)

Die nahe der Kathedrale gelegene Alcaicería war die einstige Großbasar der Mauren. In den Geschäftsschneisen lebt der Trubel heute fort, mitunter herrscht drangvolle Enge. Viele kleine Läden sind

FLAMENCO IN GRANADA

Granada gilt in diesem Teil Andalusiens als beste Adresse für Flamenco. Im Viertel Sacromonte gibt es mehrere Lokale, die in ihren „Zigeunerhöhlen" Shows anbieten. Dann klappern in den Gewölben die Kastagnetten unter „Olé"-Rufen, dann liefern Tänzerinnen und Tänzer auf den Holzböden ein Trommelfeuer ab. All dies kommt als Mix aus Tradition und Touristenspektakel daher, geht jedoch dank der Qualität der Darbietungen meist noch als authentischer Flamenco durch. Manche Einlagen wirken allerdings emotionslos und abgebrüht und zeigen, dass es der Flamenco auf kommerziellen Abruf schwer hat, geradewegs aus der Seele zu fließen, wie es eigentlich sein müsste. Trotzdem ist eine Show, die in der Regel etwa 60 bis 70 Minuten dauert, durchaus ein Erlebnis. Der Eintrittspreis *(Richtwert 20–30 Euro, Reservierung in der Hochsaison dringend empfohlen)* schließt meist einen Drink ein. Teurer sind Arrangements mit Abendessen und Transport. Langjährig bekannte Adressen sind die *Cuevas Los Tarantos (Camino de Sacromonte 9 | Tel. 9 58 22 45 25 | www.cuevaslostarantos. com)* und die *Cueva Venta El Gallo (Barranco de los Negros 5 | Tel. 9 58 22 84 76 | www.ventaelgallo.com)*. Es gibt meist zwei Shows, um 21.30 und um 23 Uhr.

mit Lederwaren, Fächern, Sitzkissen, Taschen, Tüchern, Modeschmuck, Kissenhüllen und Heiligenfigürchen vollgestopft.

SÜSSWAREN AUS DEM KLOSTER

Im *Convento de San Bernardo (Calle Gloria 2* (U D3) *(🗺 d3))* verkauft die kleine Gemeinschaft der Zisterzienserinnen di-

Die Atmosphäre eines marokkanischen Souks herrscht in den Souvenirgassen der Alcaicería

GITARRENBAUER

Es gibt verschiedene kleine Traditionsbetriebe, darunter seit 1875 die *Casa Ferrer* mit ihrem Verkaufsladen an der *Cuesta de Gomérez 26* (U D3) *(🗺 d3)* und die größere *Guitarrería Gil de Avalle (www.gildeavalle.com)* an der *Plaza de Realejo 15* (U D4) *(🗺 d4)*.

MODE

Mehrere recht günstige Modeläden reihen sich – ebenso wie Schuhgeschäfte – in der *Calle Recogidas* (U A–B 4–5) *(🗺 a–b 4–5)* auf, beginnend am Platz Puerta Real. Alles unter einem Dach hat das Großkaufhaus *El Corte Inglés* an der *Acera del Darro* (U C5) *(🗺 c5).* Gehobenere Boutiquen und Schuhgeschäfte konzentrieren sich im Altstadtkern in der Fußgängerzone um die *Calle Mesones* (U B4) *(🗺 b4)* und die *Calle Zacatín* (U C4) *(🗺 c4)*.

verse Packungen mit Anis- und Mandelgebäck aus ihrem Kloster. Fleißig sind auch die Ordensschwestern im *Monasterio de San Jerónimo (Compás de San Jerónimo* (U B2–3) *(🗺 b2–3))*, wie der Verkaufsraum zeigt. Dort gibt es selbst gemachte Kekse und Marmeladen aus Zitronen und Orangen. Billig ist das alles nicht!

AM ABEND

DISCOTECA MAE WEST (U A5) *(🗺 a5)*

Angesagte Großdisko im Shoppingcenter Neptuno. Viele Einheimische, verschiedene Liveacts. Freitag und Samstag Riesenzulauf, bis nichts mehr geht. *Calle Arabial | www.ibribones.com*

INSIDER TIPP ▸ SALA VIMAAMBI

(U D3) *(🗺 d3)*

Kleines Kulturzentrum mit Kino und Konzerten. In der Atmosphäre eines Studiotheaters steht Fr/Sa abends die Show „Raíz y Duende" mit einem etwas anderen, nicht folkloristisch verzerrten, Flamenco an. Da eine Künstlerwerkstatt hinter der Einrichtung steht, treten hier junge Tanz- und Musiktalente auf, für die das Ganze ein Sprungbrett ins professionellere Scheinwerferlicht ist. *Cuesta de San Gregorio 30 | Tel. 9 58 22 73 34 | www.vimaambi.com*

TAPAKNEIPEN ★ ●

Die Häppchen kommen hier noch umsonst zum Getränk. Richtpreise: ab 1,50 Euro, bei besseren Tropfen durchaus 2,50–3 Euro für Wein plus Tapa. Besonders viele stilvolle Tapakneipen konzentrieren sich um die *Plaza Nueva* (U C3) (*m c3*), vor allem in der *Calle de Elvira* mit Traditionstreffs wie der *Antigua Bodega Castañeda* und der *Taberna Salinas* (viele Studenten). Eine weitere schöne Tapabarzone dehnt sich nahe dem Rathaus in der *Calle Navas* (U C4) (*m c4*) aus, wo *La Chicotá*, *Las Copas* und die *Taberna Pata Negra* bei den Einheimischen einen guten Ruf genießen. Eine unter Auswärtigen weniger bekannte Zone mit mehreren netten Treffpunkten ist die INSIDER TIPP *Plaza Campo del Príncipe.*

ÜBERNACHTEN

ALHAMBRA PALACE HOTEL ✿
(U E4) (*m e4*)
Luxusadresse im neomaurischen Stil eines gigantischen Palasts unterhalb des Alhambraplateaus. Traumblicke über die Stadt. *126 Zi. | Plaza Arquitecto García de Paredes 1 | Tel. 9 58 22 14 68 | www.h-alhambrapalace.es | €€€*

INSIDER TIPP HOTEL DE PEREGRINOS GAR-ANAT (U C4) (*m c4*)
Kleines Designhotel in einem Stadtpalais aus dem 17. Jh. im historischen Judenviertel Realejo. Die komfortablen Zimmer gehen vom Innenhof mit dem „Baum der Wünsche" ab, an den man seinen persönlichen Wunschzettel stecken kann. Das gute Frühstücksbuffet im Keller ist im Preis inklusive, ebenso kleine Aufmerk-

Kultstätte für Häppchenfreunde: Bodegas Castañeda mit ihrem reichhaltigen Angebot an Tapas

samkeiten zwischendurch: mal Gebäck am Nachmittag, mal Wasserflaschen am Abend. Fernseher gibt es auf Anfrage. Wählen Sie ein Zimmer nach hinten! *15 Zi. | Placeta de los Peregrinos 1 | Tel. 9 58 22 55 28 | www.hoteldeperegrinos. com | €€*

EL LADRÓN DE AGUA (U D3) (*d3*)
Kleines, freundliches Hotel mit Flair am Rand des Albaicínhügels (für Autofahrer ungeeignet!). Verschiedene Zimmerkategorien und moderne Design- und Kunstnoten in einer Baustruktur aus dem 16. Jh. Beim Eintritt in den überdachten Innenhof mit seinen Holzbalustraden fühlt man sich sofort willkommen. *15 Zi. | Carrera del Darro 13 | Tel. 9 58 21 50 40 | www.ladrondeagua.com | €€–€€€*

LANDAZURI (U D3) (*d3*)
Gute Preise und die privilegierte Lage zwischen Plaza Nueva und dem Aufstieg zur Alhambra machen diese Pension für Low-Budget-Traveller interessant. Wahlweise Privat- oder Gemeinschaftsbäder. *17 Zi. | Cuesta de Gomérez 24 | Tel. 9 58 22 14 06 | www.pensionlandazuri. com | €*

LA NINFA (U D4) (*d4*)
Hostal mit kacheldekorierter Fassade an einem der schönsten Plätze in Granada. Familiäre Atmosphäre und gepflegt. Unter derselben Leitung steht das nahe Restaurant *La Ninfa* (€–€€). *11 Zi. | Plaza Campo del Príncipe | Tel. 9 58 22 79 85 | www.hostallaninfa.net | €*

OASIS BACKPACKERS' HOSTEL (U C3) (*c3*)
In zentraler Lage ein Preisbrecher für all jene, die es in Sechser-, Achter- oder Zehnerzimmern aushalten. Im Preis eingeschlossen sind Frühstück, Internetbenutzung und Tee bzw. Kaffee zwischendurch.

Mit Küche und Dachterrasse. *92 Betten in 12 Zi. | Placeta Correo Viejo 3 | Tel. 9 58 21 58 48 | www.oasisgranada.com | €*

PARADOR DE SAN FRANCISCO (U E4) (*e4*)
Dieses Hotel ist eines der gefragtesten und teuersten der Paradorkette: in Vorzugslage auf dem Alhambraplateau, eingerichtet in einem ehemaligen Franziskanerkloster. Rechtzeitig reservieren! *40 Zi. | Real de la Alhambra | Tel. 9 58 22 14 40 | www.parador.es | €€€*

AUSKUNFT

Plaza del Carmen (U C4) (*c4*) | Tel. 9 58 24 82 80 | www.turgranada.es; *Plaza de Santa Ana* (U D3) (*d3*) | Tel. 9 58 57 52 02 | www.andalucia.org

ZIELE IN DER UMGEBUNG

GUADIX (127 F3) (*K3–4*)
Diese 20 000-Ew.-Stadt rund 60 km östlich von Granada ist ein Unikum in Spanien, denn hier leben noch mehrere Tausend Menschen in Höhlenwohnungen unter der Erde. Etwa 2000 dieser Behausungen haben sich erhalten. Zu manchen gehören Open-Air-Terrassen, auf denen Wäsche trocknet, andere sind auf dem letzten Stück nur über Treppen erreichbar. Im pittoresken Höhlenviertel ★ *Barrio de Cuevas* erlaubt das volkskundliche Museum *Cueva-Museo de Costumbres Populares* (Mo–Fr 10–14 und 16–18, im Sommer nachmittags 17–19, Sa 10–14 Uhr | www.cuevamuseoguadix.com) einen Einblick in die unterirdische Architektur. Interessant zu wissen ist, dass in den verwinkelten Räumlichkeiten die Küche immer nach vorne hinaus zeigt, die Grottenwohnwelten im Schnitt 70 m² groß sind und kein Fenster besitzen; der

einzige Licht- und Lufteinfall kommt durch die Tür.

Im Höhlenviertel führt ab der *Plaza Padre Poveda* ein kurzer Weg zu einem 🌿 Aussichtspunkt *(mirador).* Dort bietet sich das beste Panorama von Guadix mit der Maurenfestung Alcazaba, dem Kathedralturm und bizarren Felswänden im Hintergrund. Um den Aussichtspunkt spazieren Sie genau über die Dächer von Wohnhöhlen, wie die kunstvollen, weiß aufragenden Wahrzeichen verraten: die Schornsteine. Keine Sorge – die Dächer stürzen nicht ein!

Eine weitere Höhle, die *Cueva La Alcazaba,* öffnet sich unterhalb des Kastells an der *Calle San Miguel.* In der dortigen Unterwelt verteilt sich das Töpfereimuseum *Museo de la Alfarería (Mo–Fr 10–13 und 16–19, im Sommer nachmittags 17–20, Sa/So 10–13.30 Uhr | www.cuevamuseoal cazaba.com)* auf mehrere kleine Säle. Im Gegensatz zu den bescheidenen Höhlen trägt die Kathedrale ihren Prunk nach außen mit einer bombastischen Barockfassade zur Schau. 1492 über den Resten einer Moschee begonnen, zog sich der Bau über drei Jahrhunderte hin. Der Schwerpunkt des *Kathedralmuseums (Mo–Sa 10.30–13 und 16–18, im Sommer nachmittags 17–19 Uhr)* liegt auf Barockgemälden und -skulpturen.

Haben die Höhlen Ihre Neugier geweckt? Dann können Sie in **INSIDER TIPP** Höhlenhotels übernachten, z. B. im Hotel *Cuevas Abuelo Ventura (13 Zi. | Camino de Lugros 20 | Tel. 9 58 66 40 50 | www.cuevasabue loventura.com | €).* Auskunft: *Plaza de la Constitución | Tel. 9 58 66 28 04 | www. guadixymarquesado.org*

SIERRA NEVADA ★ ●

(128 A–C 4–5) (∅ J–L4)

Sie türmt sich in Sichtweite von Granada majestätisch auf, sie ist das Dach Andalusiens, das höchste Gebirge der Iberischen Halbinsel: die Sierra Nevada *(sier ranevada.es),* gekrönt vom 🌿 Mulha-

FEDERICO GARCÍA LORCA

Federico García Lorca (1898–1936) war einer der größten Dichter und Dramatiker Spaniens, seine Tragödien wie „Bernarda Albas Haus" werden bis heute im In- und Ausland gespielt. Im Dorf Fuente Vaqueros 18 km nordwestlich von Granada in den Wohlstand einer angesehenen Familie hineingeboren, blieb er zeitlebens mit seiner Heimat verbunden. Den *gitanos* setzte er mit den Zigeunerromanzen ein literarisches Denkmal, im Landhaus Huerta de San Vicente in Granada schrieb er die Theaterklassiker „Yerma" und „Bluthochzeit". Er gehörte zur Dichtergeneration der *Generación del 27* und zum engsten Freundeskreis des surrea listischen Malers Salvador Dalí. Lorcas Homosexualität und seine Gesellschaftskritik brachten ihm Feindschaften ein, die ein tragisches Ende fanden: Zu Beginn des Spanischen Bürgerkriegs wurde er im August 1936 bei Granada von rechtsgerichteten Anhängern des Putschgenerals Franco heimtückisch erschossen. In Fuente Vaqueros steht Besuchern sein Geburtshaus *Casa Natal (Di–So 10, 11, 12, 13, Okt.–März außerdem Di–Sa 16 und 17, April–Juni und Sept. 17 und 18 Uhr | Calle Poeta García Lorca 4 | www.patronatogarcialorca.org)* im Rahmen von geführten Rundgängen offen.

Gipfeltour auf den Pico de Veleta: An klaren Tagen reicht der Blick bis nach Afrika

cén (3481 m) und vom  *Pico de Veleta* (3392 m). Im Winter tragen die Höhenlagen Schnee und Eis, ansonsten zeigen die Berge schroffe, mächtige Rücken aus Felsformationen und Geröll. Der Großteil des Gebirges steht als 860 km² großer Parque Nacional de Sierra Nevada unter Schutz und dehnt sich bis in die Provinz Almería aus. Geologisch hat man es mit einst vergletscherten Gebieten zu tun, auf die Täler in U-Form und mehrere Dutzend Seen zurückgehen. Mehr als 2000 Pflanzenarten sind dokumentiert, und mit Glück lassen sich Steinadler und Steinböcke beobachten.

Der beste Einstieg in die Sierra Nevada ist die gut ausgebaute Bergstraße A 395, die sich südöstlich von Granada rund 35 km in die Hochgebirgswelt schraubt. Auf weiten Kehren passieren Sie Olivenbäume, Kiefern und kleine Schluchten. Metallnetze an den Seiten schützen gelegentlich vor Steinschlag. Das Bergpanorama steigert sich mit der Höhe und gipfelt in *Pradollano,* der auf 2100 m gelegenen Skistation der Sierra Nevada mit ihrer Ski- und Après-Ski-Szene. Außer-

halb der Wintersaison liegen die Auswüchse der Retortensiedlung ebenso nutz- und trostlos da wie die Schneeleitpfosten. Hinter Pradollano können Sie die Fahrt auf der A 395 fortsetzen, bis für den Durchgangsverkehr kurz hinter dem 2500-m-Schild an einem Parkplatz Schluss ist; ab dort brechen Wanderer in die Hochgebirgswelten auf.

Nach Süden geht die Sierra Nevada in die mit hübschen Dörfern gesprenkelte Vorgebirgskette *Alpujarra* über. Auch hier führt von Süden eine Straße über Lanjarón und Capileira an die Sierra Nevada heran, doch für den Privatverkehr ist die Auffahrt aus Gründen des Naturschutzes gesperrt. Stattdessen bringt Sie zwischen Mai und Oktober – abhängig vom Wetter und den neuesten Bestimmungen – von *Capileira* auf 1420 m ein Kleinbusshuttle zum 2700 m hoch gelegenen *Mirador de Trevélez* und damit in beliebte Wandergebiete. Informationen im *Punto de Información (Tel. 9 58 76 30 90)* in Capileira. Eine Fahrt durch die traumhafte Landschaft der Alpujarra finden Sie im Kapitel „Ausflüge & Touren".

DIE COSTA DEL SOL UM MÁLAGA

Von vibrierend und zubetoniert bis ur- wüchsig und bescheiden schlägt das Pegel an der zentralen und östlichen Sonnenküste aus. Beliebte Stützpunkte sind Torremolinos und Nerja, der Sport- hafen von Benalmádena zählt zu den schönsten im ganzen Land. Mittendrin lockt die Metropole Málaga, die Ge- burtsstadt des Malers Pablo Picasso. Im Hinterland geht es hinauf in teils ur- wüchsige Territorien mit Olivenhainen, Weingärten, weißen Dörfern.

Was die Strände betrifft, so geht es kon- trastreich zu: Es gibt kleine, auf mehrere Abschnitte verteilte wie in Nerja oder durchgehend lange Strände wie in Torre- molinos. Geheimtipps darf hier niemand mehr erwarten, mancherorts ist es im Sommer zum Bersten voll.

MÁLAGA

KARTE IM HINTEREN UMSCHLAG
(126 B–C5) (*G5*) „In Málaga fühlt man sich nach Afrika versetzt: das blendende Weiß der Häuser, das tiefe Indigoblau des Meers, das mörderisch grelle Licht – alles trägt zu dieser Illusi- on bei", schrieb der französische Dichter Théophile Gautier noch Mitte des 19. Jhs. Diese Illusion ist längst vorbei und die Provinzhauptstadt Málaga (570 000 Ew.) alles andere als Liebe auf den ersten oder zweiten Blick – aber vielleicht auf den dritten! Denn hinter Hochhausringen, Hafenanlagen und dröhnenden Verkehrs- strömen verbergen sich Zeugnisse einer langen Geschichte und erstaunliche An-

Zwischen Highlife und Höhenluft: im Zentrum der Costa del Sol, wo die Maschinen mit den Sonnenhungrigen aus dem Norden landen

CITY WOHIN ZUERST?

Bester Orientierungspunkt ist die **Plaza de la Merced (131 E1–2)** *(⬧ I1–2)* mit Picassos Geburtshaus. Bus- und Bahnreisende kommen etwas außerhalb des Zentrums am Bahnhof am Paseo de los Tilos an. Von dort sind es ca. 15 Minuten Fußweg in die City. Zentrumsnahe Parkhäuser u. a. an der Plaza de la Marina und der Plaza de la Merced.

sichten: Kathedrale und Altstadt, Fußgängerzone, zwei Festungsanlagen der Mauren und eine facettenreiche Museumskultur, angeführt vom Picasso-Museum.

Die von den Phöniziern als Malaka gegründete Stadt ist heute auch als Kreuzfahrthafen beliebt. Aktuell haben die Stadtoberen ehrgeizige Vorhaben im Kopf bzw. bereits ansatzweise umgesetzt, die von der Hafenrenovierung am Paseo de los Curas über neue Museen bis hin zum Bau einer Metro *(www.metrodema laga.info)* mit zwei Linien reichen.

MÁLAGA

SEHENSWERTES

ALCAZABA ☀ (131 E2) (⌖ l2)

Auf einen Hügel über der Altstadt ansteigend, war die Alcazaba ab dem 11. Jh. die Palastburg der maurischen Gouverneure. Das Verteidigungssystem umfasste Ram-

CASTILLO DE GIBRALFARO ★ ☀
(131 F2) (⌖ m2)

Die im 14. Jh. erbaute Oberburg der Mauren, die durch einen Mauergürtel mit der Unterburg Alcazaba verbunden war, fungierte als Wachposten über der Stadt und fuhr schweres Geschütz auf. Heute

Málagas Kathedrale „La Manquita" wurde trotz 250 Jahren Bauzeit nie wirklich vollendet

pen, Zickzackzugänge und drei Mauerringe. Hibiskussträucher, Bougainvilleen und Wasserbecken haben der Anlage die militärische Strenge genommen. Obwohl die maurische Pracht erloschen und manches zu stark restauriert worden ist, lohnt sich der Aufstieg schon wegen der Aussicht auf Kräne und Schiffe im Hafen, auf das Meer, den Paseo del Parque, die Kathedrale. Ins Blickfeld schiebt sich auch die Stierkampfarena. Einzig einige Hufeisenbögen halten ein wenig das altmaurische Flair aufrecht. Für die Alcazaba und das Castillo de Gibralfaro gibt es ein preisgünstiges Kombiticket. *Sommer Di–So 9.30–20, sonst 8.30–19 Uhr | Calle de la Alcazabilla*

ist die Festung eine friedliche, begrünte Insel, in der Sie in aller Ruhe über die restaurierten, zinnenbesetzten Wehrgänge spazieren und tolle Ausblicke über Kiefernkronen hinweg auf Stadt, Küste und Hinterland genießen. Erstaunlich, wie abrupt Málaga dort endet. Schautafeln geben Orientierung bei der Geografie. Im Zentralhof steht ein kleines Museum offen. *Sommer tgl. 9–20, sonst 9–18 Uhr*

CATEDRAL DE LA ENCARNACIÓN
(131 D2) (⌖ j2)

Strenge und Allmacht strahlt Málagas Kathedrale aus, an der sich die Arbeiten auf dem Gelände der vormaligen Moschee von 1528 bis 1782 dahinzogen, um dann schließlich ganz eingestellt zu werden. La Manquita, „die Einarmige", hat sie der Volksmund getauft, da es bei nur einem der zwei geplanten Türme geblieben ist.

Im Innern steigen mächtige Säulen zum 40 m hohen Gewölbe auf. Die Dimensionen, die Distanz zwischen Altar und Bankreihen sowie die Ablenkung durch einen überreichlichen Dekor und Ölgemälde in den Kapellen fördern nicht gerade die besinnliche Stimmung. Der ins Mittelschiff eingesetzte Chor ist ein Wunderwerk der Schnitzkunst, die Orgeln haben – typisch für Spanien, um die Akustik zu verbessern und Staubeinfall zu verhindern – waagerechte Pfeifen.

In der Kapelle Virgen de los Reyes ist die Enthauptung des Apostels Paulus dramatisch dargestellt; auf die Namensgeberin der Kathedrale, Nuestra Señora de la Encarnación, stoßen Sie in der Kapelle hinter dem Altarraum. Sehenswert sind auch die Heiligenskulpturen im kleinen Kathedralmuseum, wo überdies Ölbilder hinter Glas gezeigt werden, darunter ein Paulus-Porträt von José de Ribera. *Mo–Fr 10–18, Sa 10–17 Uhr | Calle Molina Lario*

CENTRO DE ARTE CONTEMPORÁNEO (CAC) ● (130 B4) (ℳ h4)

Das Zentrum für Zeitgenössische Kunst, untergebracht im einstigen Großmarkt, beeindruckt mit der Größe seiner Säle. Ständige Exponate gibt es hier nicht, sondern Wechselausstellungen, bei denen man zum Teil auf den eigenen Fundus zurückgreift. Dann kommen prominente Namen wie Louise Bourgeois, Rebecca Horn, Andy Warhol, Olafur Eliasson, Anselm Kiefer und Richard Serra zum Zug. Der Eintritt ins Museum ist kostenlos. *Sommer Di–So 10–14 und 17–21, sonst Di–So 10–20 Uhr | Calle Alemania | cacmalaga.org*

MUSEO AUTOMOVILÍSTICO MÁLAGA (0) (ℳ 0)

Ausstellungssäle mit Autos aus aller Welt nehmen Sie auf eine Zeitreise mit, die vor allem Motor- und Technikfreaks ansprechen wird. Hier lässt sich die ästhetische und technische Entwicklung des Automobils anschaulich verfolgen. Das Museum nimmt einen Teil der restaurier-

MARCO POLO HIGHLIGHTS

⭐ **Castillo de Gibralfaro in Málaga**
Hoch über der Stadt auf der einstigen Burg der Mauren – ein Mauerspaziergang mit Ausblicken → S. 66

⭐ **Museo Picasso in Málaga**
Eintauchen in Picassos Welten in seiner Heimatstadt Málaga – ein Erlebnis! → S. 68

⭐ **Antequera**
Besonderheiten der Stadt sind die Dolmen mit ihren gewaltigen Stützsteinen und schlauchartigen Gängen → S. 71

⭐ **Balcón de Europa in Nerja**
Aussichtspromenade über dem Meer und wichtigster Treffpunkt der Stadt → S. 73

⭐ **Cueva de Nerja**
Trotz des enormen Zulaufs: Die Tropfsteinhöhle ist ein Schauspiel der Natur → S. 74

⭐ **Frigiliana**
Gassen verästeln sich zwischen dem Kalkweiß der Häuser, es geht aufwärts über unregelmäßiges Pflaster – unterwegs in Frigiliana → S. 76

ten alten Tabakfabrik ein. *Di–So 10–19 Uhr | Avenida Sor Teresa Prat 15 | www.museoautomovilmalaga.com*

MUSEO CARMEN THYSSEN
(130 C2) (*m j2*)

Eine Mischung aus alter und neuer Architektur gibt den Rahmen für dieses bemerkenswerte Kunstmuseum ab, das auf der Sammlung der 1943 geborenen Baronin Carmen Thyssen-Bornemisza fußt. In ihrem bewegten Vorleben war sie Model, Gemahlin von Old-Shatterhand-Kinoheld Lex Barker und später von Kunstsammler Hans-Heinrich Thyssen-Bornemisza. Die Exponate der Ständigen Sammlung umfassen eine „Santa Marina" des Meisters Francisco de Zurbarán und spanische Maler aus dem 19./20. Jh., die – wie Guillermo Gómez Gil, Joaquín Sorolla und Julio Romero de Torres – volkskundlich interessante Szenen festhielten. Zusätzlich finden Wechselausstellungen statt (Kombiticket). *Di–Do und So 10–20, Fr/Sa 10–21, Juli/Aug. Mo –Sa 10–20 Uhr | Calle Compañía 10 | www.carmenthyssenmalaga.org*

MUSEO DE LA COFRADÍA DE LOS ESTUDIANTES (131 E2) (*m l2*)

Bei Málagas Karprozessionen hat die 3000 Mitglieder starke Studentenbruderschaft ihren großen Auftritt. Was sie an gigantischen Aufbauten *(tronos)* durch die Straßen trägt, wie selbst kleinste Schnörkel der *tronos* in Gold und Silber glänzen, dass den Trägern Nummern zugeordnet sind – in diesem Museum sehen Sie es ganz aus der Nähe. *Mo–Fr 10–13 Uhr | Calle de la Alcazabilla 3*

INSIDER TIPP MUSEO INTERACTIVO DE LA MÚSICA (131 D3) (*m j3*)

Die Lage im Untergrund am Treppenabgang zur Tiefgarage der Plaza de la Marina überrascht ebenso wie der Inhalt des gut gemachten interaktiven Musikmuseums. Mehrere Hundert Instrumente laden zu einer Reise durch Länder und Traditionen ein. In der Sektion Ethnomusikwissenschaft lernen Sie Instrumente aus Knochen und Muscheln kennen, andernorts heißt es ausdrücklich „Anfassen erlaubt". Dann können Sie ein wenig trommeln, zupfen, über die Tasten fahren. *Mo–Fr 10–14 und 16–20, Sa/So 11–15 und 16.30–20.30 Uhr | www.musicaenaccion.com*

MUSEO PICASSO ★ ● (131 E2) (*m l2*)

Es war der Wunsch von Pablo Picasso (1881–1973), Teile seiner Werke in seiner Geburtsstadt (Picassos Familie lebte bis 1891 in Málaga) zu sehen – das macht Málaga zu einer erstrangigen Adresse der Kunstszene. Im Renaissancepalast Buenavista blättert sich der Kosmos eines Jahrhundertkünstlers auf, der mit unterschiedlichsten Stilen, Techniken und Materialien vertraut war. Frühe und späte Werke, Ölgemälde, Skizzen, Akte und Keramiken geben Einblick in sein kubistisch-surrealistisches Werk. Stiermotive verraten seine spanische Seele, Frauenporträts seine Liebschaften. Zu den Exponaten der ständigen Sammlung zählen u. a. *Búho sobre una silla* („Uhu auf einem Stuhl"), *Jacqueline sentada* („Sitzende Jacqueline") und *Naturaleza muerta con cráneo y tres erizos* („Stillleben mit Totenschädel und drei Igeln"). Die strengen Augen des Wachpersonals werden Sie beim Rundgang begleiten – die Werke, die sich von der frühen bis zur spätesten Schaffensphase spannen, sind von unvorstellbarem Wert. Jeder Saal ist ein kleines Erlebnis für sich. Ideal für eine Kunstpause eignet sich das INSIDER TIPP Museumscafé. Das Kellergeschoss des einstigen Palasts birgt eine Überraschung, die nichts mit Picasso zu tun hat: Reste aus römischer und phönizischer

DIE COSTA DEL SOL UM MÁLAGA

Ära, teils über 2500 Jahre alt. Auf der Website finden Sie den Link zur Vorbestellung von Eintrittskarten; es gibt auch einen Bereich für Wechselausstellungen (Sonderticket oder Kombieintritt mit ständiger Sammlung). *Di–Do und So 10–20, Fr/Sa 10–21 Uhr | Calle de San Agustín 8 | www.museopicassomalaga.org*

dem 1. Jh. datiert und bis ins 3. Jh. in Betrieb gewesen sein dürfte. Im Mittelalter diente das Gelände als Steinbruch der Mauren beim Bau der Alcazaba, erst Mitte des 20. Jhs. wurde das Theater bei Grabungsarbeiten für einen Park wiederentdeckt. Die Tribünen sind stark restauriert. *So 10–14.30, Di–Sa April–Okt. 10–21,*

Plaza de la Merced: Über den Platz, an dem sein Geburtshaus steht, wacht Picasso in Bronze

PLAZA DE LA MERCED
(131 E1–2) (*ØJ l1–2*)
Ein Obelisk in der Mitte, Taubenschwärme, Bänkchen, Cafés – Impressionen von einem der Hauptplätze Málagas, an dem das Geburtshaus von Pablo Picasso liegt. Dort betreibt die Stiftung Picasso mit dem *Museo Casa Natal (tgl. 9.30–20 Uhr | fundacionpicasso.malaga.eu)* ein bescheidenes Museum, in dem Fotos an den kleinen Pablo und Wechselausstellungen an den großen Picasso erinnern.

TEATRO ROMANO (131 E2) (*ØJ l2*)
Beim Zugang zur Alcazaba liegen die Reste dieses römischen Theaters, das aus

Nov.–März 9–19 Uhr | Calle de la Alcazabilla

ESSEN & TRINKEN

BODEGUITA DE CARLOS (130 C2) (*ØJ j2*)
Typisch malagueñischer Treffpunkt mit Fisch und anderem Meeresgetier mitten im historischen Viertel gelegen. *Tgl., Fernando de Lesseps | Tel. 9 52 22 21 63 | €*

CAFÉ DE PARÍS (131 F3) (*ØJ m3*)
Ein Paradebeispiel der ausgefeilten modernen Küche Andalusiens unter Leitung von José Carlos García. Die Gerichte orientieren sich an Jahreszeiten und Markt-

frische und wechseln daher ständig. *So/ Mo geschl. | Plaza de la Capilla/Muelle 1 | Tel. 952 00 35 88 | www.rcafedeparis. com | €€€*

EL JARDÍN (131 D2) (*k2*)

Der Traditionstreff bei der Kathedrale ist eine Mischung aus Café und Restaurant. Es gibt Tellergerichte und Salate, aber auch ausgefeiltere Speisen, z. B. geschmorten Stierschwanz oder mariniertes Rebhuhn. *So geschl. | Calle Cañón 1 | Tel. 952 22 04 19 | €–€€*

MONTANA (O) (*O*)

Moderne Mittelmeerküche mit aufwendigen Kreationen im stilvollen Umfeld eines Palais vom Ende des 19. Jhs. Zur Wahl stehen zwei Degustationsmenüs. *Mo und außer Do–Sa abends geschl. | Calle Compás de la Victoria 5 | Tel. 952 65 12 44 | www.restaurantemontana. es | €€€*

EINKAUFEN

Eine stattliche Auswahl an Boutiquen und Schuhgeschäften finden Sie im Bereich der Straßen *Calle Puerta del Mar, Calle Nueva* und *Calle Marqués de Larios* (130–131 C–D 2–3) (*j–k 2–3*). Reiche Auswahl finden Sie außerdem in Shoppingcentern wie *Málaga Plaza (Calle Armengual de la Mota 12* (130 B2) (*h2*) *| www.malagaplaza.com)* und *Larios Centro (Avenida de la Aurora 25* (130 A3) (*g3*) *| www.larioscentro.com)*.

STRÄNDE

Die Halb-Millionen-Metropole Málaga ist kein Ziel für einen Badeurlaub. Die 14 km wenig attraktiver Großstadtstrände, teils mit Blick auf den Handelshafen, die östlich des Hafenbeckens mit der *Playa de la Malagueta* beginnen und bis zum Sport-

hafen *El Candado* reichen, überlässt man daher lieber den Malagueños selbst.

AM ABEND

Tapakneipen finden Sie im Zentrum nahe der Plaza de la Constitución um die *Pasaje de Chinitas* und *Calle Moreno Monroy*. Oper und Ballett im *Teatro Cervantes (Calle Ramos Marín* (131 E1) (*l1*) *| Tel. 952 22 41 00 | www.teatrocervantes.com)*. Konzerte, DJs u. a. im *Wakame (Calle Correo Viejo 4* (131 D2) (*k 2)*) und im *Intercambio Málaga (Calle Huerto del Conde 7* (131 E1) (*l1))*. Flamencotreff für Auftritte ambitionierter Talente mit neuen Ideen ist das *Liceo Flamenco* in der *Calle Beatas 21* ((131 D1–2) (*k1–2*) *| www.liceoflamenco.com)*. Unter *www. youthingmalaga.com* finden Sie aktuelle Wochenprogramme, wo was los ist in Málaga.

ÜBERNACHTEN

DON PACO (130 A5) (*g5*)

Solides Hotel in geschäftiger Gegend nahe Eisenbahn- und Busbahnhof. *31 Zi. | Calle Salitre 53 | Tel. 952 31 90 08 | www. hotel-donpaco.com | €*

NH MÁLAGA (130 B3) (*h3*)

Citynahes, komfortables Viersternehotel der NH-Kette gleich neben der Brücke über das ausgetrocknete Flussbett des Río Guadalmedina. Extrem schwankende Preise, `INSIDER TIPP` gutes Frühstücksbuffet. *133 Zi. | Calle San Jacinto 2 | Tel. 952 07 13 23 | www.nh-hoteles.es | €€–€€€*

PETIT PALACE PLAZA (131 D2) (*k2*)

Hotel im Herzen der Stadt mit aufmerksamen Servicedetails; jedes Zimmer mit Computer. *66 Zi. | Calle Nicasio 3 | Tel. 952 22 21 32 | www.hthoteles.com | €€*

AUSKUNFT

Plaza de la Marina 11 (131 D3) (*k3*) | Tel.
9 51 92 60 20 | www.malagaturismo.com

ZIELE IN DER UMGEBUNG

ANTEQUERA ⭐ (126 B4) (*F4*)

Dolmen und Kirchen, eine schöne Altstadt, eine maurische Burg – Gründe
genug für einen Abstecher 50 km nördlich nach Antequera (30 000 Ew.) – nur
nicht montags, dann sind die wichtigsten
Ziele geschlossen. Ein Ausflug nach Antequera lässt sich gut mit einem Besuch
des Lobo Parks oder einer Wanderung
durch den Naturpark El Torcal de Antequera (s. Kapitel „Ausflüge & Touren")
kombinieren. All dies in einen einzigen
Ausflugstag von der Küste zu packen ist
allerdings schwer möglich.

Als Quartiere in Antequera empfehlen
sich daher der Parador (58 Zi. | Paseo Gar-
cía del Olmo 2 | Tel. 9 52 84 02 61 | www.
parador.es | €€) und das zentrale, in ei-
nem Stadthaus aus dem 18. Jh. einge-
richtete Hotel Coso Viejo (42 Zi. | Calle
Encarnación 9 | Tel. 9 52 70 50 45 | www.
hotelcosoviejo.es | €). In beiden Hotels
können Sie auch gut essen. Auskunft: Pla-
za de San Sebastián 7 | Tel. 9 52 70 25 05 |
turismo.antequera.es

Herausragend in Antequera sind die Dolmen, Grabtypen der Megalithkulturen,
zwischen 4000 und 5000 Jahre alt. Die
Dolmen Menga und Viera sind in einen
übermäßig modernen Archäologiekom-
plex an der Einfahrt aus Málaga gefasst,
der Dolmen El Romeral liegt isoliert weiter nordöstlich der Innenstadt (Zugangs-
zeiten für alle drei Dolmen Di–Sa 9–18, So
9.30–14.30 Uhr). In die Dolmen Viera
und El Romeral führen schlauchartige
Zugänge, im Dolmen Menga öffnet sich
ein großer, stimmungsvoll ausgeleuchte-
ter Raum mit den mächtigsten aller De-
cken- und Tragsteine.

Im historischen Viertel Coso Viejo bum-
meln Sie über die Plaza de San Sebastián
mit der gleichnamigen, von der Turmfi-
gur Angelote gekrönten Kirche und die
Plaza Coso Viejo, wo ein Reiterstandbild

Dolmen Viera in Antequera: Das steinzeitliche Grab wurde erst im 20. Jh. entdeckt

König Ferdinand I. zeigt, der Antequera 1410 aus der Hand der Muslime eroberte. Den Hügel über der Altstadt dominiert die sehr gut restaurierte Maurenfestung ❄️ *Alcazaba (Sommer Di–So 10.30–14 und 18–20.30 Uhr, Winter stark wechselnd, aber immer deutlich kürzer).* Dort haben Sie den besten Blick über das weiße Häusermeer von Antequera, auf Olivenhaine, die Sierra de Chimenea und den einsamen, flossengleich aufragenden Felsgiganten La Peña. Auf dem Burgplateau liegt auch die Renaissancekirche *Real Colegiata de Santa María.*

Wählen Sie beim Hin- oder Rückweg nach Antequera die Variante über den Burgort Álora, lohnt sich ein Abstecher in die Naturlandschaft *Paraje Natural Desfiladero de los Gaitanes,* eine Schlucht, die im Berggebiet der Stauseen Embalse de Guadalhorce und Embalse Tajo de la Encantada vom Fluss Guadalhorce geformt wird. Nahe der Schlucht Tajo de la Encantada (auch El Chorro genannt) führt eine einsame Höhenstraße an den Ruinen der Siedlung Bobastro aus dem 9./10. Jh. hinauf zu einem ❄️ Aussichtspunkt *(mirador)* mit schönem Blick über den See und die kahle Bergwelt. Allerdings: Die Beschilderung in der Gegend ist leider nicht besonders gut.

JARDÍN BOTÁNICO-HISTÓRICO LA CONCEPCIÓN (126 B5) (𝄞 F5)

Araukarien, Gummibäume, Magnolien und Riesenbambus wurzeln in diesem „Botanisch-Historischen Garten", der Mitte des 19. Jhs. auf Betreiben einer Markgrafenfamilie knapp 10 km nördlich im Hinterland Málagas angelegt wurde. Um kleine Kaskaden und Kanäle steigt Kühle auf, beim Rundgang lernen Sie Palmen- und Platanenallee, Dattelpalmenweg und Kakteengarten kennen. Nachteil ist die Nähe zur Autobahn nach Antequera, an der die Ausfahrt ausgeschildert ist.

Di–So 9.30–20.30, Okt.–März bis 17.30 Uhr | laconcepcion.malaga.eu

INSIDER TIPP ▶ LOBO PARK ☺

(126 B4) (𝄞 F5)

Elegant ihre Gangart, durchdringend scharf ihre Augen, die Hierarchie im Rudel klar abgesteckt – Wölfe! Auf insgesamt 100 000 m² Gehegefläche mit Büschen und Steineichen leben knapp 25 Tiere in diesem Wolfspark südwestlich von Antequera (ca. 60 km nordwestlich von Málaga, Anfahrt über Álora oder Antequera): Timberwölfe aus Kanada, Iberische und Europäische Wölfe. Daniel und Alexandra, das deutsche Besitzerpaar, geben ihren Tieren so viel Platz und Rückzugsmöglichkeiten wie möglich. Ausgucke und Wege entlang der Gehege machen mit den Raubtieren vertraut, ihrer Tarnung, ihrem Sozialverhalten. Die meisten der Wölfe sind im Park geboren und an Menschen gewöhnt, sodass deren Gegenwart sie weder beeindruckt noch stört. Obligatorisch ist die Teilnahme an einem Rundgang, der etwa anderthalb Stunden dauert und auch auf das Gelände der „Streichelfarm" zu Schweinen, Schafen und Ziegen führt. Von Mai bis Oktober (und im Winter in Vollmondnächten) können Sie nach Reservierung unter *Tel. 9 52 03 11 07* eine „Wolfsgeheul-Nacht" miterleben. *Tgl. 10–18, Führungen im Regelfall Mo–Fr 11, 13, 15 und 16.30, Sa/So 11, 12, 13, 14, 15 und 16.30 Uhr | Carretera A 343 Antequera–Álora km 16 | www.lobopark.com*

MONTES DE MÁLAGA

(126 B–C5) (𝄞 G5)

Wälder aus Aleppokiefern, in den Dreißigerjahren des 20. Jhs. großflächig aufgeforstet, sind typisch für das Gebirge, das eine Höhe von bis zu 1032 m erreicht und als Naturpark unter Schutz steht. Nordöstlich der Stadtausläufer beginnt das

Nerja: altertümlicher Charme nicht zuletzt dank fehlender Hotelklötze

Landsträßchen A 7000, das den Park von Süd nach Nord Richtung Colmenar durchläuft und zu Beginn Panoramablicke über Málaga und das Meer freigibt. An der Strecke sind Abzweige zum *Landhotel Cortijo La Reina (36 Zi. | Tel. 9 51 01 40 00 | hotelcortijolareina.com | €–€€)* und zur historischen Kelter *Lagar de Torrijos* ausgewiesen; dort beginnt ein kleines Wandergebiet.

NERJA

(127 D5) (⬦ H5) Kleine Strände, mildes Klima, gemütliche Plätze und Gassen, das Miteinander aus Küsten- und Bergblicken: Das sind die Stärken von Nerja (20 000 Ew.) am östlichen Ende der Costa del Sol.

Vom Fischerort hat sich Nerja zum attraktiven Besucherstädtchen entwickelt. Sicher, es gibt neue Siedlungen landeinwärts, doch die Topografie mit ihren Klippen und von Felsen begrenzten Sandbuchten hat eine Küstenbebauung ins Uferlose verhindert. Dass das gute alte Andalusien nicht verschwunden ist, belegen vereinzelt Privatleute, die immer noch Obstkistchen neben die Haustür stellen. Wer etwas kaufen will, klingelt einfach.

SEHENSWERTES

BALCÓN DE EUROPA ★ ● ⬦

Dies ist Nerjas Vorzeigeansicht und mit der dahinter liegenden Palmenpromenade ein Treffpunkt par excellence. Bänke laden zum ausgiebigen Verweilen ein. Spaniens König Alfons XII. dachte sich den Namen „Europabalkon" bei seinem Besuch 1885 aus, als er sich hier, hoch über dem Meer, die Seeluft um die Nase wehen ließ. Auf einem steilen Fels und den Resten eines kaum mehr erkennbaren Bollwerks aus dem Mittelalter erbaut, gibt der Balcón de Europa einen der schönsten Aussichtspunkte in Andalusien ab. Er trennt die Strände Calahonda und

El Salón; ein Bronzedenkmal erinnert an Alfons XII.

CUEVA DE NERJA ⭐

Steinerne Kaskaden, Vorhänge, Überwürfe, Wülste, Säulen: kuriose Formationen, die zwischen „Krippensaal" und

Die Höhlen von Nerja bergen Spaniens wohl ungewöhnlichsten Konzertsaal

„Geistersaal" die Phantasie anstacheln. Sind es runzlige Alte, Kakteen, Kobolde, Rattenkopfprofile, Barten von Walen, Orgelpfeifen? Die Höhle von Nerja bietet alle guten Zutaten einer Tropfsteinhöhle. Das finden auch die Besucher, von denen pro Jahr mindestens 500 000 anrücken und in einem Auf und Ab über Treppenstufen zu Grottenentdeckern werden – während der Hauptsaison kann es ziemlich überlaufen sein. Befremdlich wirkt der Anblick des in der Höhle eingerichteten Auditoriums, das im Juli Schauplatz eines Tanz- und Musikfestivals ist. Die 1959 wiederentdeckte Höhle wurde bereits vor 25 000 Jahren von Menschen genutzt. Heute sind Winkel und Ecken bestens ausgeleuchtet. Die Höhle liegt östlich des Stadtgebiets, die Anfahrt zum gebührenpflichtigen Parkplatz ist ausgeschildert. *Juli/Aug. tgl. 10–19.30, Sept.–Juni 10–14 und 16–18.30 Uhr | www.cuevadenerja.es*

ESSEN & TRINKEN

ANTICA ROMA

Gute Auswahl an Fleisch- und Nudelgerichten, serviert auf den Terrassen im Innenbereich. *Tgl. | Calle Carabeo 12 | Tel. 9 52 52 59 24 | €–€€*

REY ALFONSO ☽

Das Auge isst mit: Das gilt hier schon wegen des Ausblicks durch die Fensterfronten aufs Meer. Für die exponierte Lage sind Meeresgetier und Entrecote nicht einmal überteuert. *Im Winter Mi geschl. | Balcón de Europa (Abgang am Ende der Aussichtspromenade) | Tel. 9 52 52 09 58 | €€*

EINKAUFEN

Straßenmärkte finden dienstag- und sonntagvormittags in der Urbanización Flamingo statt.

STRÄNDE

Nerja zeichnet sich durch seine Mischung aus Felsküste und kleinen Stränden aus, darunter *La Caletilla* und *El Salón* westlich und *El Chorrillo* und *Carabeo* östlich des

Balcón de Europa. Der größte Strand, die 〰 *Playa de Burriana,* liegt weiter östlich: grobkörnig, einige Restaurants am angrenzenden Paseo Marítimo Antonio Mercero, Duschen, Kinderspielgeräte, Tretboote, schöne Blicke ins Hinterland und küstenwärts nach Osten.

FREIZEIT & SPORT

Tauchkurse bei *Buceo Costa Nerja (Playa de Burriana | Tel. 9 52 52 86 10 | www.ner jadiving.com).*

AM ABEND

Die Ausgeh- und Bummelzone Nerjas erstreckt sich um die Calle de la Gloria, Bars für jüngere Leute konzentrieren sich an der *Plaza Tutti-Frutti.* Ein buntes Programm mit Theater, Tanzveranstaltungen und Konzerten gibt es im *Centro Cultural Villa de Nerja (Calle Granada 45 | Tel. 9 52 52 38 63).*

ÜBERNACHTEN

BALCÓN DE EUROPA 〰

Hotelblock über der Playa de Caletilla und genau neben dem Balcón de Europa – was für eine Lage! *110 Zi. | Paseo Balcón de Europa 1 | Tel. 9 52 52 08 00 | www. hotelbalconeuropa.com | €€€*

PLAZA CAVANA

Zentrales Dreisternehotel mit Restaurant, kleiner Sommerterrasse und Pool. *39 Zi. | Plaza Cavana 10 | Tel. 9 52 52 40 00 | www.hotelplazacavana.com | €€*

AUSKUNFT

Calle Carmen/Bajos del Ayuntamiento | Tel. 9 52 52 15 31 | www.nerja.org

IN DER FINANZKRISE

„Se vende" – zu verkaufen: Diese Schilder sind in jüngster Vergangenheit immer häufiger zu sehen. An Häusern, Apartments, Kneipen, Restaurants, Yachten. Kaufen will die Objekte kaum jemand. Mit der Wirtschaftskrise sind schwere Schatten über dem Hotel- und Gaststättengewerbe aufgezogen, der ganze Immobiliensektor ist betroffen. Experten hatten jahrelang vor dem Platzen der Immobilienblase gewarnt, doch Optimisten hielten die Goldgräberstimmung für unvergänglich. Kurzsichtig wurde gebaut, was Betonmischer, Spekulation und Korruption hergaben, ohne größere Gedanken an die Märkte zu verschwenden. Es entstanden immer neue Siedlungen aus der Retorte, *urba-* *nizaciones,* oft in neomaurischem Stil (und aus schlechtem Material), und immer weiter weg von der längst hinlänglich zugebauten Küste. Feriendomizile, die drei- bis viermal so viel kosten sollten, als sie eigentlich wert waren, hielten Investoren auf seltsame Art für Selbstläufer. Immer mehr, immer teurer: Diese Rechnung konnte auf Dauer nicht aufgehen. Das vorläufige Ende vom Lied sind Firmenpleiten, verzweifelte Privatverkäufer, Immobilienleerstand, Bauruinen, ganze Geisterviertel. Pfiffige Kneipiers machen mit günstigen „Krisenpreisen" vor, wie man zur Normalität zurückfinden kann: Man muss erst einmal die blinde Profitgier zurückstellen.

NERJA

ZIELE IN DER UMGEBUNG

CALA DE MARO (127 D5) (*H5*)

Diese nette, ca. 200 m breite Sandbucht gut 5 km östlich ist eine Alternative zu den Stränden von Nerja. Sie gehört zum Nachbarort Maro; dort führt eine ausgeschilderte, kurvige Anfahrt bis zu einem Parkplatz hinab.

CÓMPETA (127 D5) (*H5*)

Kurven über Kurven ebnen den Weg ins 630 m hoch gelegene Cómpeta (4000 Ew.), das knapp 20 km nordwestlich von Nerja zu Füßen der Sierras Tejeda und Almijara seinen Ruf als weißes Großdorf und Weinzentrum pflegt. *Vino de Cómpeta* heißt der lokale Süßwein; die Rebgärten ziehen sich zum Teil über schwer zu bearbeitende Steilhänge. Die Berge, die Schachtelwerke der weißen Häuser, die Gassen, der 37 m hohe Kirchturm der Iglesia Parroquial – das ist Cómpetas Patchwork. Das Leben geht hier noch einen gemächlichen Gang, eine Totenmesse ist bereits gesellschaftliches Großereignis.

Tapas und körbeweise Flaschen Cómpetawein bekommen Sie im *Museo del Vino (Mo geschl. | Avenida Constitución | Tel. 9 52 55 33 14 | €),* einer Mischung aus Verkaufssaal, rustikaler Kneipe und Restaurant. *www.competa.es*

FRIGILIANA ★ ● ⬇ (127 D5) (*H5*)

Als Musterbeispiel eines weißen Dorfs legt sich Frigiliana im Küstenhinterland 6 km nördlich von Nerja über die Vorgebirgshänge der Sierras Tejeda und Almijara. Startpunkt eines Spaziergangs ist die Plaza del Ingenio mit der *Zuckerfabrik El Ingenio,* die ursprünglich ein Palast war und noch heute Zuckerrohrhonig *(miel de caña)* produziert. Frigiliana steigt über mehrere Etagen bis zum netten Platz vor der Kirche San Antonio an. Typisch in den Gassen sind Gitter mit Blumentöpfen, Türen mit Plastikgirlanden, Pflanzenkübel neben den Eingängen, Stromkabelstränge, Bougainvilleen. Keramiktafeln an den Wänden stellen mit Bildern und Texten Szenen zum Fall der Burg von Frigiliana aus. Auskunft: *Cuesta*

Treppengässchen und blumenumrankte Plätze: das weiße Dorf Frigiliana

del Apero 8 | Tel. 9 52 53 42 61 | www.fri giliana.es

3 km außerhalb an der Landstraße nach Torrox liegt ● ☀ **INSIDER TIPP** *La Posada Morisca (12 Zi. | Calle Loma de la Cruz | Tel. 9 52 53 41 51 | www.laposadamorisca.com | €€)*, ein schönes, rustikales Landhaus mit kleinem Gästepool und Blick auf Olivenhaine und Meer; der Abzweig ist ausgeschildert. Hier entscheiden Sie sich für eine Oase der Stille!

TORRE DEL MAR *(127 D5) (🕮 H5)*

Die breiten Liegeflächen am Strand sind das schlagkräftigste Argument, das für den an sich eher sterilen, zugebauten Küstenort 20 km westlich spricht. *Playa de Poniente* heißt der 1780 m lange Hauptstrand mit seinem grobkörnigen, schwarzen Sand. Etwas außerhalb öffnet zwischen Mitte Juni und Anfang September der *Aquapark Aquavelis (Urbanización El Tomillar | www.aquavelis.es)*. *www.torredelmar.info*

TORRE-MOLINOS

(126 B6) (🕮 F6) **Drei Stunden Flug bis zum Airport von Málaga, zehn Minuten Transfer bis Torremolinos – und schon stecken Sie mittendrin im Gewühl!**

Wer im Sommer hierherkommt, weiß, was er will. Kultur sicher nicht, sondern Fun, Sun und Alkohol. Kneipen und Diskos geben reichlich Gelegenheit, aufzutanken und sich promillegestärkt in den nächsten Flirt zu stürzen.

Torremolinos (60 000 Ew.) ist ein Ferienkracher für ein bunt gemischtes Publikum von Gays bis Familien, ein Zentrum des Pauschal- und Massentourismus, das sich brüstet, mit 50 000 Gästebetten 40 Prozent der Hotelkapazität der gesamten Costa del Sol zu bündeln. Entsprechend sieht es aus, die Eingriffe der Bauindustrie in die Natur klaffen wie Wunden. Touristisches Kapital der Stadt sind lange, makellose Sandstrände, ansehnliche Promenaden und rund 300 Restaurants. Außerhalb der Sommersaison geht es gemäßigt zu.

SEHENSWERTES

CALLE SAN MIGUEL

Diese Hauptachse ist Fußgängerzone und ein Tummelplatz für das Sehen und Gesehenwerden. Das Angebot an Taschen, Modeschmuck, Sonnenbrillen

LOW BUDGET

▶ In Nerja ballen sich in der *Calle Pintada* günstige Gasthäuser, darunter das *Hostal Plaza Cantarero (10 Zi. | Nr. 117 | Tel. 9 52 52 87 28 | www.hostalplazacantarero.com)* und das *Hostal Nerja Sol (21 Zi. | Nr. 54 | Tel. 9 52 52 21 21 | www.hostalnerjasol.com)*. Doppelzimmer kosten in der Hauptsaison um 50, in der Nebensaison um 30 Euro.

▶ Am Flughafen von Málaga ersparen Busse das teure Taxi. Linie 19 fährt regelmäßig in die Stadt (Fahrpläne unter *www.emtmalaga.es*). Außerdem gibt es täglich mehrere Direktverbindungen nach Marbella *(portillo.avanzabus.com)*.

▶ In Antequera ist der Eintritt in die Dolmen gratis!

▶ In Málaga ist sonntags ab 14 Uhr der Eintritt in die Alcazaba und das Castillo de Gibralfaro frei.

TORREMOLINOS

und Kleidung ist überbordend; was Ramsch und was durchaus geschmackvoll ist, wird jeder selbst beurteilen.

JARDÍN BOTÁNICO MOLINO DE INCA

Klares Quellwasser, Springbrunnen, Palmen, kleine Wasserspiele – dieser botanische Garten nördlich des Stadtrands ist eine wahre Oase. Bereits die Mauren betrieben hier Mühlen, die im 18. Jh. neu in Gang gebracht wurden. Heute sind sie Museumsstücke und funktionieren auf Knopfdruck zur Schau. *Sommer Di–So 11.30–13.30 und 18–21, sonst 10.30–13.30 und 16–18 Uhr | Camino a los Manantiales*

PARQUE DE LA BATERÍA

Der Stadtpark zeichnet sich durch weite Wiesenflächen aus. Ein kleiner See lädt zu einer Ruderbootpartie und der ⬇️ Aussichtsturm zu einer kurzen Besteigung ein. Außerdem: Kinderspiel- und Fitnessgeräte, Brunnen, Palmen, reichlich Sitzbänke. *Mai–Sept. Mo 17–23, Di–So 11–23, Okt.–April Mo 17–21, Di–So 11–21 Uhr | Avenida del Carmelo*

ESSEN & TRINKEN

BODEGA QUITAPENAS

Hier sitzen Sie mitten im prallen Leben bei frittierten Fischlein, Sardinen, Tintenfisch und Málaga-Süßwein, der direkt aus Fässern gezapft wird. Mit Terrassenbereich. *Tgl. | Calle Cuesta del Tajo 3 | Tel. 9 52 38 62 44 | €*

EL BODEGÓN

Besonders beliebt sind die Plätze mit den offenen Fensterreihen zur Gasse hin. Die Küche serviert Gerichte mit französischem Touch. *So geschl. | Calle Cauce 4 | Tel. 9 52 38 20 12 | €€*

STRÄNDE

Sieben Strandkilometer mit breiten Liegeflächen und guter Infrastruktur sind die Pluspunkte von Torremolinos. Die

TURISMO RURAL

Adiós Küstentrubel! Ab in die kühleren Berge, wo es nach Kiefern duftet und Kork- und Steineichen ihr Astwerk ausbreiten. Unter Individualisten liegt der *turismo rural,* der Tourismus auf dem Land, im Trend. Rustikale Landhotels und Ferienhäuser sind Refugien der Ruhe und Ausgangspunkte für Entdeckungen abseits ausgetretener Pfade; gelegentlich überrascht der Komfort mit Schwimmbad, Salon, Kaminfeuer, Sitzecken. In Landhotels setzen die Besitzer auf persönlichen Service, während sich Ferienhäuser an Selbstversorger richten und wochen- bzw. wochenendweise angeboten werden. Ferienhäuser im Bergland um den Naturpark El Torcal de Antequera vermittelt die Tourismusvereinigung *Asociación de Turismo Rural Sur de El Torcal (Tel. 9 52 03 41 55 | www. turismorural-eltorcal.com).* Häuser für bis zu vier Personen kosten je nach Saison für ein Wochenende im Schnitt 200–300, für eine Woche 400–700 Euro. Landhäuser und -hotels im Hinterland von Málaga und Nerja vermittelt *Red Andaluza de Alojamientos Rurales (Tel. 9 02 44 22 33 | www.raar.es),* der Anbieterverband für Urlaub auf dem Land in Andalusien.

An den Stränden von Torremolinos begann Mitte des 20. Jhs. der Aufstieg der Costa del Sol

einstigen Strandbüdchen *(chiringuitos)* haben sich über die Jahre in stattliche Restaurants verwandelt. Südwestlich Richtung Benalmádena erstreckt sich die *Playa de la Carihuela,* auf der nach Málaga gewandten Nordostseite die *Playa del Bajondillo,* der Hauptstrand.

FREIZEIT & SPORT

Im Nordteil der Stadt liegen der Ende Mai bis Anfang September geöffnete *Aquapark (Juli/Aug. tgl. 10–19, sonst 11–18 Uhr | www.aqualand.es)* und der *Crocodile Park* (s. Kapitel „Mit Kindern unterwegs").

AM ABEND

Beliebte Ausgehzone ist die *Playa de los Álamos,* die Gayszene trifft sich in Diskos wie *Passion (Avenida de Mallorca 18 | www.passiondisco.com).* Immer-was-los-Stimmung herrscht um die Calle San Miguel, wo die Menschenströme bis spätabends auf- und abwogen.

ÜBERNACHTEN

GUADALUPE

Das *hostal* liegt an der Schnittstelle zwischen Stadt- und Strandleben und ist daher nichts für Ruhesuchende. Alle Zimmer mit Bad. *10 Zi. | Calle del Peligro 15 | Tel. 9 52 38 19 37 | www.hostalguadalupe.com | €*

MELIÁ COSTA DEL SOL

Größter Vorteil dieses Doppelblocks der spanischen Hotelkette ist seine Lage direkt hinter der Playa del Bajondillo. Mit zwei Restaurants, Swimmingpool, Zentrum für Thalassotherapie. Attraktive Onlinetarife. *540 Zi. | Paseo Marítimo 11 | Tel. 9 02 14 44 40 | www.hotelmeliacostadel sol.com | €€*

AUSKUNFT

Es gibt mehrere Auskunftstellen, u. a. an der *Plaza de las Comunidades Autónomas (Tel. 9 52 37 19 09 | www.ayto-torremoli nos.org).*

DIE COSTA DEL SOL UM MARBELLA

Künstlich wie botoxverstärkte Schicki-mickis im Sporthafen Puerto Banús, na-türlich wie das Panorama aus Stränden und Bergen – im Westteil der Sonnen-küste fließen Kontraste und Klischees zu einer facettenreichen Wirklichkeit zu-sammen.

Die Region zeichnet sich durch kilometer-lange, breite Sandstrände aus, die Orten wie Estepona, Marbella und Fuengirola zu ihrer Zugkraft verholfen haben. Kehr-seite der Medaille: Die einfache Zugäng-lichkeit der Strände lässt sie während der Saison sardinenbüchsenvoll werden. Die viel befahrene Küstenstraße A 7 und die parallele Küstenautobahn AP 7 setzen einen Schnitt. Wer Strandfreuden sucht, sollte sich nicht nördlich davon einquar-tieren.

Im ferneren Hinterland stoßen Sie ins Traumdorf Casares und ins magische Ronda vor. Auf einem anderen Blatt steht ein Ausflug nach Gibraltar – ein Stück Great Britain in Andalusien.

ESTEPONA

(125 E4) *(🗺 E6)* **Im Lauf der Zeiten hat Estepona (66 000 Ew.) den Wandel von einer 30-Familien-Siedlung im 16. Jh. zu einer weit auseinandergedrifteten Feri-en-, Strand- und Sporthafenstadt am Westrand der Sonnenküste durchlebt.** Dem Beton und Massentourismus steht die ursprüngliche, kleine Altstadt mit Gas-sen und kalkweißen Häusern entgegen. An den Strandpromenaden verraten Was-

---

Bild: Yachthafen Puerto Banús

Strandfreuden, Sporthäfen und wilde Affen: an der Küste die Schicken und Schönen, im Hinterland weiße Bilderbuchdörfer

serspiele, Kugellaternen und Grünstreifen den Geschmack der Planer. Afrika, Gibraltar, den Gebirgsgürtel der Sierra Bermeja im Hinterland: Aus Estepona haben Sie alles im Blick.

SEHENSWERTES

PLAZA DE LAS FLORES
Orangenbäumchen, Blumenbeete, Brunnen, Cafés und Bänkchen machen den „Blumenplatz" zum Schmuckstück der Altstadt. Nicht weit ist es zur Kirche *Nues-*

tra Señora de los Remedios aus dem 18. Jh. und zur *Plaza del Reloj* mit ihren Araukarien und dem Musikpavillon. Im umliegenden Wohnviertel geht das Leben seinen gewohnten Gang, gelegentlich zwängt sich ein Butangastransporter durch die Gassen.

PUERTO DEPORTIVO
Ein schmaler, kleiner Leuchtturm kündigt den knapp 450 Liegeplätze großen Sporthafen an, in dem die Segler-, Yacht- und Nachtschwärmerszene vor Anker geht,

Im Hinterland von Estepona zieht sich Casares einen Hügelrücken der Sierra Bermeja hinauf

die hier Kneipen, Pubs und Restaurants für jeden Geschmack findet.

ESSEN & TRINKEN

EL ARGANEO
Meeresfrüchterestaurant am Sporthafen, das u. a. eine gemischte Meeresfrüchteplatte vom Grill *(parrillada de mariscos)* auftischt. Mit Terrassenplätzen. *Tgl. | Tel. 9 52 80 14 42 | €€*

SIMONITO
Eine Mischung aus traditioneller Bar und Restaurant mit Meeresfrüchten und Fischmenüs. Auf Vorbestellung gibt es auch Paella. *Tgl. | Avenida San Lorenzo 40 | Tel. 9 52 79 14 55 | €–€€*

STRÄNDE
Zwischen die kilometerlangen, gepflegten Strandabschnitte – östlich die *Playa*

de la Rada, westlich die *Playa del Cristo* – schieben sich die Hafenmolen. Wenige Kilometer westlich der Stadt fallen die Hüllen am FKK-Strand *Costa Natura.*

FREIZEIT & SPORT
Tauchkurse beim *Happy Diver's Club (Atalaya Park Hotel | Carretera de Cádiz km 168,5 | Tel. 9 52 88 36 17 | www.happy-divers-marbella.com).* Westlich der Stadt liegt der Golfplatz *Estepona Golf (Carretera de Cádiz km 150 | Arroyo Vaquero | Tel. 9 52 93 76 05 | www.esteponagolf.com).*

ÜBERNACHTEN

KEMPINSKI HOTEL BAHÍA ESTEPONA
Eines von mehreren Fünfsternehotels bei Estepona, das keine Wünsche offenlässt: mit Gärten, großer Poollandschaft und exquisiter Küche *(€€€). 133 Zi. | Carrete-*

ra de Cádiz km 159 | Tel. 952809500 | www.kempinski.com | €€€

HOSTAL LA MALAGUEÑA
In der Altstadt wenige Schritte von der Plaza de las Flores. Günstige Preise, einfache Einrichtung, aber alle Zimmer mit Bad. *16 Zi. | Calle Raphael 1 | Tel. 952800011 | www.hlmestepona.com | €*

AUSKUNFT

Avenida San Lorenzo 1 | Tel. 952802002 | www.estepona.es

ZIELE IN DER UMGEBUNG

BENAHAVÍS (125 E4) (*M E6*)
Eukalyptushaine, das letzte Stück durch die Schlucht des Río Guadalmina, dann ist der „gastronomische Winkel der Costa del Sol" 20 km nordöstlich erreicht. An diesem selbst gewählten Prädikat muss Benahavís sich messen lassen. Obgleich ohne klassische Vorzeigeansicht, macht der Ort um die Plaza de España einen netten Eindruck. Das zentrale Restaurant *Lindaraja Grill (Do geschl. | Tel. 952855565 | €€)* ist auf Fleischhungrige fixiert. Der Ausländeranteil in der 4000-Ew.-Gemeinde liegt bei über der Hälfte; es gibt eine größere britische Kolonie. *www.benahavis.es*

CASARES ★ (125 E4) (*M D6*)
Ausblicke auf ins Berggrün getupfte helle Anwesen begleiten die Kurvenstrecke, plötzlich taucht es um einen Hügel auf: das weiße Häusermeer von Casares (2000 Ew.) 20 km westlich. Treffpunkt aller ist die Plaza de España mit ihrem Brunnen, dem Restaurant *La Bodeguita de en Medio (Mo geschl. | Tel. 952894036 | €–€€)* und ein paar Kneipen im erweiterten Platzbereich. Oberhalb der Plaza steigen die Gassen bis zur Kirche und den Burgmauerresten an, die weite Blicke ins bergige Umland freigeben. Trotz des Besucherzustroms bewahrt Casares eine weitgehend unverfälschte Dorfatmosphäre. Wäscheständer stehen vor den Häusern, Gitterfenster sind mit Blumentöpfen verstellt, spät am Abend wehen Essensdüfte und Fernsehklänge durch die Gassen. *www.casares.es*

GIBRALTAR (125 D5) (*M D7*)
Ein Kalksteinmassiv, 425 m hoch, kurz The Rock genannt: Das ist Gibraltar (30 000 Ew.). 1704 stürmten die Engländer den Fels und gaben ihn zum Leidwe-

MARCO POLO HIGHLIGHTS

★ Casares
Malerisches weißes Dorf im Hinterland von Estepona → S. 83

★ Upper Rock Nature Reserve
Unter wilden Berberaffen auf dem Felsrücken von Gibraltar → S. 84

★ Teleférico Benalmádena
Seilbahntour mit Afrikablick auf den Berg Calamorro → S. 87

★ Puerto Deportivo in Benalmádena
Buntes Treiben um den Sporthafen → S. 86

★ Plaza de los Naranjos in Marbella
Idyllischer Open-Air-Treff unter Orangenbäumchen → S. 88

★ Tajo-Schlucht in Ronda
Die Schlucht des Río Guadalevín setzt einen spektakulären Schnitt durch eine der schönsten Städte Spaniens → S. 91

sen Spaniens seither nicht aus der Hand. Eine kleine Landmasse mit großer politischer Sprengkraft und einer Bevölkerungsdichte wie in London, mit *fish 'n' chips,* Briefkästen der Royal Mail und einer Zufahrt, die kurioserweise über die Landebahn des Flughafens führt.

Das 50 km südwestlich gelegene Gibraltar lohnt durchaus einen Tagesausflug,

Spanisch oder britisch? Manchen Bewohnern Gibraltars ist das herzlich egal

aber Vorsicht: Parkplätze sind rar, die Rückstaus bei der Ausreise oft enorm! Besser lässt man das Auto in La Línea de la Concepción stehen (gebührenpflichtiger Parkraum) und kreuzt die Grenze zu Fuß. Dahinter fahren Busse in die City bzw. Taxis zu Spots wie dem ☀ *Europa Point* am Südende der Stadt mit schöner Aussicht auf den Schiffsverkehr in der Straße von Gibraltar und hinüber zu den Bergsilhouetten Marokkos. Hoch hinauf geht es ins ★ ☀ *Upper Rock Nature Reserve;* das Ticket schließt Besuche der kleinen *Tropfsteinhöhle St. Michael's,* der 1779–1783 während der spanisch-französischen Belagerung in den Fels getriebenen Tunnel *(Great Siege Tunnels)* und des Maurenkastells *(Moorish Castle)* ein. Un-

terwegs begegnen Sie Berberaffen, die mit Vorliebe über Autodächer turnen, dort ihre Verdauung zelebrieren und sich auf alles stürzen, was unter Plastikrascheln Essen verheißt. Unter Androhung hoher Bußgelder ist es verboten, die um den *Apes' Den* lebenden Tiere zu füttern! Eine Auffahrt in die Höhe ist im Taxi, im eigenen Auto, aber auch in der ☀ *Seilbahn (Cable Car)* möglich; tief unten öffnet sich die Bucht von Algeciras in immer neuen Perspektiven.

Shoppingachse in der City ist die *Main Street* mit Läden *(Sa-Nachmittag und So geschl.)* voller Spirituosen, Elektronik, Parfümerie- und Juwelierwaren. Beim Schlagwort vom Preisparadies Gibraltar handelt es sich allerdings um eine moderne Legende. In Einzelfällen mag manches etwas günstiger sein, doch was nützt die Ersparnis, wenn Sie bei fehlerhaften Artikeln zurückmüssten? Einmal Gibraltar ist gut und schön – und reicht. *www.gibraltarinfo.gi*

FUENGIROLA

(126 B6) *(⬥ F6)* **Der historische Grund der Phönizier und Römer liegt längst unter Beton begraben. Seine 8 km langen sandigen, im Schnitt 40 m breiten Strände rückten Fuengirola in den Sechzigerjahren in den Fokus des Massentourismus.**

Die Zahl der Gästebetten ist seither auf 12 000, die der Einwohner auf 70 000 explodiert. Treffpunkte sind der große Sporthafen und die Plaza de la Constitución. Spaziergänger, Jogger und Radler teilen sich die Strandpromenade *(Paseo Marítimo),* die den Río Fuengirola am Südende der Stadt über eine moderne Brücke passiert. Kinderspielgeräte im Sand unterstreichen die Familienfreundlichkeit der Strände.

SEHENSWERTES

CASTILLO SOHAIL

Das wiederaufgebaute, in seinen Ursprüngen mittelalterliche Kastell erhebt sich auf einem Parkhügel über dem Südstrand Ejido. Mauern und Türme dienen auch als Kulisse für diverse Events im Sommer, von Konzerten bis zum Mittelaltermarkt *Mercado Medieval. Sommer tgl. 9.30–21, sonst 10–17/18.30/20 Uhr*

ESSEN & TRINKEN

AROMA

Mediterrane Küche mit Fisch und Fleisch, mitunter exotisch verfeinert mit Curry und Mangochutney. Falls es hier zu voll ist, finden Sie in derselben Straße reichlich Alternativen. *Tgl. | Calle Moncayo 23 | Tel. 9 52 66 55 02 | www.restaurantearoma.com | €€*

EL HIGUERÓN

Etwa 7 km nördlich ein echter Klassiker unter den Ausflugsrestaurants der Costa del Sol, in dem die andalusische Küche (Fisch) gleichermaßen vertreten ist wie die des Nordens (*fabada* – asturischer Bohneneintopf). *Tgl. | Carretera Benalmádena–Mijas km 3,1 | Tel. 9 52 11 91 63 | www.elhigueron.com | €€€*

MESÓN EL CANDIL

Klein und mit rustikalem Interieur. Die Küche ist bodenständig, ob Pfeffersteak oder gegrillte Schweinerippchen. *Mo-Mittag geschl. | Calle Hernán Cortés 3 | Tel. 9 52 47 86 44 | €–€€*

FREIZEIT & SPORT

Im Sporthafen starten Bootstouren, außerdem Tauchausfahrten mit *Abysub (Tel. 6 57 64 49 06 | www.abysub.com)*. Im Stadtkern gibt es einen täglich geöffneten *Zoo (Calle Camilo José Cela 6–8 | www.bioparcfuengirola.es)*. Gut erreichbar ist der *Aquapark (Ende April–Sept. tgl. 10/10.30–17.30/19 Uhr | A 7 km 209 | www.aquamijas.com)* in Mijas-Costa.

AM ABEND

Auf in den Sporthafen, zumindest während der Saison! Pubs und Pizza, Cocktails und Lichtergirlanden sorgen für abendliches Leben. Themenfiestas und Livemusik gibts in der Diskothek *Mai Tai (Edificio El Puerto | www.discotecamaitai.es)*.

ÜBERNACHTEN

LOS FAROLES

Absoluter Preisbrecher für absolute Basisansprüche – eine günstigere Unterkunft als diese Pension werden Sie kaum finden. Treffpunkt ist die Dachterrasse, wo man auch Wäsche trocknen kann. *15 Zi. | Camino de Santiago 20 | Tel. 9 52 46 22 97 | www.pensionlosfaroles.com | €*

FUENGIROLA BEACH

Apartmenthotel mit 156 Einheiten, entweder mit einem oder mit zwei Schlafräumen, mit Küche und Balkon. Mit Sommerpool, allerdings nicht direkt am Strand gelegen, wie der Name glauben machen könnte, sondern ein paar Hundert Meter vom Wasser entfernt. *Avenida de la Encarnación | Tel. 9 51 06 27 00 | www.fuengirolabeach.com | €€*

LAS RAMPAS

Ordentliches Dreisternehotel mit Restaurant und kleinem Pool. Strände und Sporthafen sind problemlos zu Fuß erreichbar. *159 Zi. | Calle Pintor Nogales | Tel. 9 52 47 09 00 | www.hotellasrampas.com | €€*

FUENGIROLA

AUSKUNFT

Paseo Jesús Santos Rein 6 | Tel. 9 52 46 74 57 | www.fuengirola.org

ZIELE IN DER UMGEBUNG

BENALMÁDENA (126 B6) *(*ⓜ *F6)*
Eins vorweg zur Großgemeinde Benalmádena (60 000 Ew.), die sich rund 10 km

LOW BUDG€T

▶ Flamenco zum Nulltarif können Sie jeden Mittwoch ab 12 Uhr auf der ● *Plaza Virgen de la Peña* in *Mijas* erleben – vorausgesetzt, es regnet oder stürmt nicht.

▶ In Marbella genießen Sie freien Eintritt ins Kulturzentrum *Cortijo Miraflores (Mo–Fr 9–14.30 und 17–21.30 Uhr | Avenida José Luis Morales y Marín),* das seinen Ursprung als Ölmühle im 18. Jh. verrät. Zu sehen ist auch eine archäologische Ausstellung.

▶ Für *Selwo Aventura* (s. Kapitel „Mit Kindern unterwegs"), den Meerespark *Selwo Marina* und die *Seilbahn von Benalmádena* gibt es einen Kombitarif. Mit dem Seilbahnticket ist außerdem bei der Bergstation der Zugang in eine Raubvogelshow *(exhibición de aves rapaces)* inklusive; die Anfangszeiten erfragen Sie in der Talstation.

▶ Im teuren Marbella schlafen Sie günstig in der ganzjährig geöffneten *Jugendherberge (Albergue Juvenil | Calle Trapiche 2 | Tel. 9 51 27 03 01 | www.reaj.com)* in einem der 210 auf 69 Zimmer verteilten Betten.

nordöstlich auf die weit auseinandergerissenen Ortsteile *Benalmádena Pueblo, Arroyo de la Miel* und *Benalmádena Costa* verteilt: Sie ist zugebaut, hoffnungslos unübersichtlich – und hat mit 9 km Stränden, geschmackvollen Strandpromenaden und Freizeit-Hotspots gleichwohl eine Menge zu bieten. Mit einem modernen, 33 m hohen Buddhatempel *(Estupa de la Iluminación | Paraje El Retamar | www.stupabenalmadena.org),* dem neoarabischen *Castillo del Bil-Bil* (Konzerte, Ausstellungen) und dem mitten im Gemeindegebiet gelegenen *Golfplatz Torrequebrada (Tel. 9 52 44 27 41 | www.golftorrequebrada.com)* vereint Benalmádena einen seltsamen Mix.

Tummelplatz für Ausgehfreudige ist der ⭐ *Puerto Deportivo,* der alles andere als ein gewöhnlicher, sondern mit über 1000 Liegeplätzen einer der größten und schönsten Sporthäfen an Spaniens Mittelmeerküste ist. Das Ganze kommt als Kunstgebilde mit Gebäudekomplexen im neomaurischen Stil daher, doch Erlebnis- und Freizeitwert sind hoch. Bummelzonen um Becken und Stege sowie eine Riesenauswahl an Läden, Restaurants, Pubs und Cafés sorgen für Stimmung. Es gibt Hafenrundfahrten, Bootsverbindungen nach Fuengirola, Segeltörns, laternenbesetzte Brückchen, Boutiquen, überteuertes Eis, literweise Sangria, Fisch- und Pizzagerüche, Diskorhythmen und das *Aquarium Sealife (www.visitsealife.com).*

Der *Parque de la Paloma* mit Spazierwegen und Teichlandschaft liegt ein Stück ins Inland versetzt. Neben dem Grüngelände erwartet Sie der nicht ganz billige Meerespark *Selwo Marina (Mitte Feb.–Dez. je nach Saison tgl. 10–18/20/21/24 Uhr | www.selwomarina.es).* Hauptattraktionen sind Delphin- und Seelöwenshows, außerdem gibt es ein Pinguinhaus, Piranhas, Pelikane, Flamingos, Le-

Im neomaurischen Stil prunkt Benalmádenas Sporthafen mit seinen gut 1000 Liegeplätzen

guane und Kaimane. Außerdem gibt es einen **INSIDER TIPP** Schmetterlingspark *(Mariposario | tgl. 10–19 Uhr | Avenida del Retamar | www.mariposariodebenalma dena.com).*

In Arroyo de la Miel lockt der Vergnügungspark *Tivoli World (Juli–Mitte Sept. tgl. 17/18–1/2 Uhr, sonst wechselnd und mitunter nur Sa/So | www.tivoli.es)* mit Fahrgeschäften und Rummel. Gleich daneben startet einer der schönsten Schwebeflüge in Spanien: 3 km in der Seilbahn ★ ● *Teleférico Benalmádena (Mitte Feb.– Anfang Jan., im Hochsommer tgl. 11–24, sonst je nach Saison 11–17/18/19 Uhr | www.telefericobenalmadena.com).* Eine Viertelstunde dauert die Fahrt auf den 769 m hohen ☀ *Monte Calamorro,* wo kleine Pfade zu mehreren Aussichtspunkten führen. Die Küste liegt Ihnen zu Füßen, in der Ferne zeichnen sich die Konturen Afrikas ab – beeindruckend! Bei starkem Wind kann die Seilbahn allerdings vorübergehend geschlossen werden.

Unterkunft finden Sie u. a. im Apartmenthotel *Vistamar (138 Einheiten | Camino de Gilabert | Tel. 9 52 44 28 27 | www.hotel vistamar.com | €€–€€€)* und im schönen Hotel *La Fonda (28 Zi. | Calle Santo Domingo de Guzmán 7 | Tel. 9 52 56 90 47 | €€),* dessen Design auf César Manrique zurückgeht. Auskunft in *Benalmádena Costa: Avenida Antonio Machado 10 | Tel. 9 52 44 12 95 | www.benalmadena.com*

MIJAS (126 B6) (*F6*)

Das blendende Weiß der Häuser, herausgeputzte Gassen, die alte Ortsstruktur – all dies macht den 8 km nördlich hangaufwärts in die Sierra de Mijas gestaffelten Ort (3000 Ew.) attraktiv. Linienbusse von den Ferienstädten hinauf sorgen für eine stressfreie Anreise. Toll sind die Ausblicke in die Küstenebene, sowohl von den ☀ Gärten neben den maurischen Burgresten im Oberdorf als auch von der ☀ Aussichtspromenade neben dem *Santuario de la Virgen de la Peña.* Das Sanktuarium ist kurios in den Fels eingesetzt und bewahrt ein Marienbildnis. Ein lächerliches Spektakel geben dagegen die „Eseltaxis" ab, bei denen leibhaftige Grautiere für rot verbrannte Bleichgesichter im Einsatz stehen. Fotos kosten extra – ein Nepp!

Auf unentdeckte Winkel dürfen Sie in Mijas nicht hoffen, Flair hat es trotzdem. Über den Ort verteilen sich Unmengen an Andenkenläden, Kneipen, Restaurants. Die kleine *Stierkampfarena* steht Besuchern ebenso offen wie das Miniaturenmuseum *Carromato de Max (Hochsommer tgl. 9–22 Uhr, sonst stark wechselnd). Auskunft: Plaza Virgen de la Peña | Tel. 9 52 58 90 34 | www.vivemijas.com*

MARBELLA

(125 F4) (*E6*) **Ihren Ruf als Edelpflaster und Promitreff kultiviert die weit ausgeuferte Strandstadt (130 000 Ew.) bis heute – immer einen Hauch schicker, eine Note abgehobener als andernorts, ob mit Edelrestaurants, überdimensioniertem Kongresspalast, in Marmor gefassten Palmen oder den nahen Golfplätzen.**

Kehrseite der Medaille sind Korruptionsskandale, die Marbellas Fundamente erschüttert haben. Milliardenbeträge verschwanden über Jahre am Fiskus vorbei in dunklen Kanälen und lokale Verantwortungsträger hinter Gittern. Dort, wo sie mit krimineller Energie und fast diktatorischer Allgewalt residierten, zeigt sich Marbella trotzdem als stimmungsvolle Schönheit: am Rathausplatz, der Plaza de los Naranjos.

SEHENSWERTES

ALTSTADT
Gassen quer, Gassen längs, mittendrin ein paar Stadtmauerreste und die ⭐ *Plaza de los Naranjos* – so sieht es in der kleinen Altstadt aus. Der Platz ist ein schöner, bunter Treff mit Cafés und Kneipen. Natürlich gehören auch die namengebenden Orangenbäume dazu. Eine Büste in der Mitte des Platzes zeigt Spaniens König Juan Carlos I., Tauben nehmen Brunnenbäder. An einem Platzeck erhebt sich eine *Kapelle mit Santo Cristo del Amor,* dem „hl. Christus der Liebe". Größer kommt die nahe *Iglesia de Nuestra Señora de la Encarnación* daher, in der bei Hitze die Ventilatoren rotieren.

AVENIDA DEL MAR
An diesem autofreien Straßenstück, das von der Strandpromenade abzweigt, ist eine kleine **INSIDER TIPP** *Freiluftgalerie* mit Skulpturen von Meister Salvador Dalí (1904–1989) zu bewundern. Da sieht man den „Mann auf Delphin", „Don Quijote sitzend", den „Kosmischen Elefanten" und Dalís Ehefrau und Muse Gala mit entblößtem Hinterteil. Brunnen und Blumenbeete lockern den Mini-Skulpturenpark auf.

MUSEO DEL BONSAI
Für Fans der Minibäumchen ein Bonsaimuseum mit beachtlicher Sammlung. *Tgl. 10.30–13.30 und 16–18.30 (Sommer 17–20) Uhr | Parque Arroyo de la Represa*

CITY ▶ **WOHIN ZUERST?**
Auf die **Plaza de los Naranjos!**
Auf dem „Orangenbaumplatz" kultiviert Marbella schönstes Altstadtflair. Der Busbahnhof liegt etwas außerhalb in der Avenida del Trapiche, ab dort Stadtbus L 3 ins Zentrum. Zentrale Parkhäuser sind u. a. Parking Avenida del Mar, Parking de la Constitución und Parking Edificio Parquesol.

MUSEO DEL GRABADO ESPAÑOL CONTEMPORÁNEO

Das Kunstmuseum im Renaissancegebäude des Hospital de Bazán zeigt wechselnde Drucke bekannter Künstler. *Sommer Mo und Sa 10–14, Di–Fr 10–14 und 18.30–23, sonst Di–Fr 9–21 Uhr | Calle Hospital de Bazán*

richte, Salate, hausgemachte Pasta. *Tgl. | Paseo Marítimo | Tel. 9 52 90 33 18 | www. dabruno.com | €€*

BUENAVENTURA PLAZA

Verlockend ist vor allem die nette, kleine Terrasse am Kirchplatz. Wechselnde Karte

Zauberhaft: Marbellas mit den namengebenden Orangenbäumen bestandene Plaza de los Naranjos

PARQUE DE LA CONSTITUCIÓN

Kleiner Stadtpark nahe der Strandpromenade, mit Zypressen, Palmen, Bananenstauden, Bambus. Angenehm sitzt man im INSIDER TIPP *Parkcafé,* einem Treff vieler Einheimischer.

ESSEN & TRINKEN

ALTAMIRANO

Typisch spanisch, viele Einheimische, ausschließlich Meeresgetier – superfrisch und supergünstig. *Mi geschl. | Plaza Altamirano 3 | Tel. 9 52 82 49 32 | €*

DA BRUNO

Ein beliebter Spot, um das Treiben an der Strandpromenade zu verfolgen. Reisge-

je nach Jahreszeit. *Juli/Aug. mittags geschl. | Plaza Iglesia de la Encarnación 5 | Tel. 9 52 85 80 69 | www.demarbella.net | €€€*

EINKAUFEN

Selbstverständlich wird Marbella seinem Ruf als edles Einkaufspflaster gerecht (*www.shopping-marbella.com*). Es gibt reichlich Boutiquen, darunter *Anika, Ermenegildo Zegna, Jackie Jean, Nota 90, Liberto* und *Loewe,* allesamt in der *Avenida Ricardo Soriano.* Größtes Shoppingcenter ist das *Centro Comercial La Cañada.* Ansonsten ist Puerto Banús immer eine Alternative für die Klientel mit passendem Budget.

MARBELLA

STRÄNDE

Der Sporthafen trennt die Strände im Stadtgebiet. Parallel zu den Weststränden verläuft der *Paseo Marítimo*, eine Flanierpromenade erster Güte, die auch von Radlern und Inlineskatern benutzt wird.

FREIZEIT & SPORT

Der Kartkurs *Funny Beach (N 340 km 184 | www.funnybeach.com)* liegt außerhalb an der N 340. Tauchkurse buchen Sie z. B. bei *Bucea en Marbella (Tel. 6 77 38 99 80 | www.buceaenmarbella.com).* Zu den umliegenden Golfplätzen zählen *Los Naranjos (Urbanización Nueva Andalucía | Tel. 9 52 81 52 06 | www.losnaranjos.com)* und *La Quinta (Urbanización La Quinta Golf | Tel. 9 52 76 23 90 | www.laquinta golf.com).*

AM ABEND

Gute, keineswegs exaltierte Altstadtstimmung herrscht um die *Plaza de los Naranjos.* Zum Cocktail trifft man sich gerne am Sporthafen, z. B. im *Hestia (www.hestiamarbella.com).* Dauerbrenner im Nightlife ist die orientalisch aufgemachte, sehr exklusive Diskothek *Olivia Valère (Carretera de Istán km 0,8 | www.olivia valere.com),* in die mehr als 1000 Leute passen.

ÜBERNACHTEN

CASA LA CONCHA

Ein stilvolles Bed-and-Breakfast-Boutiquehotel abseits des Trubels. Rechtzeitig reservieren, es gibt nur fünf Cottages. Mit Garten und kleinem Pool. *Calle Jubrique 45 | Urbanización Rocío de Nagüeles | Tel. 6 46 52 08 83 | www.casalaconcha.com |* €€€

INSIDER TIPP LA MORADA MÁS HERMOSA

Wie ein Landhotel, familiär und klein – und mitten in der Altstadt. Einige Zimmer mit Balkon oder kleiner Dachterrasse. Freundlicher Service und ebensolche Ausstattung, gutes Preis-Leistungs-Verhältnis. *7 Zi. | Calle Montenebros 16 a | Tel. 9 52 92 44 67 | www.lamoradamashermo sa.com |* €€

AUSKUNFT

Glorieta de la Fontanilla | Tel. 9 52 77 14 42 | www.marbellaexclusive.com

ZIELE IN DER UMGEBUNG

PUERTO BANÚS ● (125 F4) (*∅ E6*)

Schick, schicker, Puerto Banús. Liebend gern wird in Marbellas 5 km südwestlich gelegenem Nachbarort (auch Bootsverbindungen ab/bis Sporthafen Marbella) gezeigt, was man hat. Gut gefüllte Brieftaschen und Dekolletés, dicke Autos, dicke Yachten: Hier geht die Geldelite vor Anker. Der Sporthafen gibt den Rahmen für ein Schaulaufen ab, bei dem immer wieder Promis auftauchen und manche Superschickimickis als ihre eigene Karikatur daherstiefeln, mit weißen Highheels und weißen Hündchen, dazu kiloweise Schmuck, Botox, Silikon. Die Wirklichkeit übertrifft gelegentlich die Klischees. Die Marina ist ein Dorado für Studien einer gekünstelten Welt, doch ebenso für Einkehrfreudige. Rund um das weite Hafenbassin reihen sich Restaurants auf, ergänzt durch Cocktailbars und Boutiquen, in denen erlesenste Geschmäcker zu erlesensten Preisen bedient werden. Der 1 km lange Sandstrand erstreckt sich ostwärts Richtung Marbella. Hinter dem Sporthafen spielt sich weiteres Leben um die nach Málagas Hollywoodstar Antonio Banderas benannte Plaza ab.

160 m über dem Abgrund: Spektakulär liegt Ronda an der Schlucht El Tajo

RONDA (125 E3) (*M E5*)

Ein Besuch im rund 60 km nordwestlich hoch über einem Abgrund auf Felsmassen erbauten Ronda (37 000 Ew.) ist ein Höhepunkt jeder Andalusienreise. Schon die Anfahrt auf der A 397 durch die Gebirgswelt der Serranía de Ronda ist ein Erlebnis. Der über 100 m tiefe Einschnitt der ⭐ ● *Tajo-Schlucht* spaltet die Stadt. Unten fließt der Río Guadalevín, oben spannt sich spektakulär die Brücke über den steinernen Schlund.

Ein INSIDER TIPP Geheimgang mit knapp 200 steilen Stufen durch den Fels hinab zum Fluss beginnt in der *Casa del Rey Moro (tgl. 10–19 Uhr | Cuesta de Santo Domingo).* Die Anlage des Treppentunnels (14. Jh.) geht auf die Mauren zurück, die sich damit den Zugang zu Wasservorräten für den Fall einer Belagerung sicherten. Seit 1912 wird die Casa del Rey Moro von „hängenden Gärten" umgeben, die bis an die Abbruchkante der Schlucht reichen, ein kleines Meisterwerk des Landschaftsarchitekten Nicolas Forestier.

Mit Altstadtgassen, der über einer Moschee erbauten Kirche *Santa María la Mayor (Mo–Sa 10–20, So 10–12.30 und 14–20 Uhr),* Arabischen Bädern *(Baños Árabes | Mo–Fr 10–18, Sommer bis 19, Sa/So 10–15, Do–Sa auch 20–23 Uhr)* und der 1785 eingeweihten Stierkampfarena *(Plaza de Toros | tgl. 10–18, im Sommer bis 20 Uhr)* gibt es in Ronda einiges zu entdecken. Ein Bummel über die Plaza de España und durch die Fußgängerzone um die Carrera Espinel sowie ein Spaziergang durch den kleinen Stadtpark *Alameda del Tajo* (besonders schön die ☀ Aussichtspromenade mit Blick auf die Sierra de Grazalema) runden den Besuch von Ronda ab.

Stilvoll übernachten und essen Sie im ☀ *Parador (78 Zi. | Plaza de España | Tel. 9 52 87 75 00 | www.parador.es | €€€),* einfacher im *Hotel Don Javier (12 Zi. | Calle José Aparicio 6 | Tel. 9 52 87 20 20 | www.hoteldonjavier.com | €€).* Auskunft: *Plaza de España 9 | Tel. 9 52 87 12 72 | www.turismoderonda.es*

AUSFLÜGE & TOUREN

Die Touren sind im Reiseatlas, in der Faltkarte und auf dem hinteren Umschlag grün markiert

1 DIE BERGDÖRFER DER ALPUJARRA ★

Für diese ca. 210 km lange Rundtour mit dem (Miet-) Wagen ab Granada sollten Sie am besten eine Übernachtung einplanen, z. B. in einer Landhausunterkunft *(casa rural)*. Infos und Buchungsmöglichkeiten finden Sie dazu u. a. unter *www.ruralsierrasol. es* und *www.turismoalpujarra.com* sowie im folgenden Text. Wollen Sie hingegen am selben Tag zurückkehren, sollten Sie sehr früh starten. Wichtigste Stationen sind Lanjarón, Pampaneira, Capileira und Trevélez. Falls möglich, sollte Ihr Ausflugstag nicht auf einen Sonntag fallen, da dann größere Massen zum Sturm auf die Alpujarra blasen.

Schluchten, grüne Flusstäler, weiße Dörfer als Schachtelkunstwerke – die Bergkette *La Alpujarra,* die sich zwischen die Südhänge der Sierra Nevada und das Küstengebirge schiebt, zählt zu den attraktivsten Landstrichen in Andalusien. Nach dem Fall von Granada 1492 zogen sich viele vertriebene Mauren dorthin zurück. Ihr Erbe sind Burgreste, Feldbauterrassen und ausgeklügelte Bewässerungssysteme.

Die erste Etappe von ca. 35 km verläuft recht nüchtern auf der A 44 bis zur Ausfahrt La Alpujarra/Lanjarón. Doch auf der Landstraße A 348 werden Sie bald von der Faszination einer Bergwelt erfasst, in der Oliven, Orangen und Mandeln gedeihen. Die Windkrafträder zu Beginn wirken allerdings wie fremde Giganten.

Bild: Capileira in der Alpujarra

Idyllen im Hinterland – auch für die Badetouristen an der Sonnenküste heißt es mitunter: Der Berg ruft!

An der Einfahrt in den Mineral- und Heilwasserort **Lanjarón,** der ersten Station, hält die *Touristeninformation (Avenida de Madrid | Tel. 9 58 77 04 62 | www.lanjaron. es)* hilfreiches Material bereit. In Lanjarón schlagen die Geschäfte aus der Vorzugslage des Orts als „Tor in die Alpujarra" inflationär Kapital: mit Keramik und getrockneten Feigen, Korbwaren, Honig, Gebäck. Ein Bummel führt zur *Plaza de la Constitución* und auf die versteckte *Plaza de Santa Ana,* deren Pflanzendekoration den Platz in einen kleinen

botanischen Garten verwandelt. Im Unterdorf lädt die ☀ INSIDER TIPP *maurische Hügelfestung* aus dem 14. Jh. zu einem Kurztrip in die Vergangenheit und lohnenden Bergblicken ein. Die Anlage des kleinen Kastells ist frei zugänglich, die Ruinen sind mit einer modernen Stahlkonstruktion verstärkt worden. Hinter dem extrem lang gestreckten Lanjarón geht es Kurve um Kurve weiter, an Olivenhainen, Agaven, Feigen- und Granatapfelbäumen vorbei. Kurz vor Órgiva, das sich mit seiner doppeltürmigen Kirche ankündigt, knickt links die Straße nach Pampaneira ab. Opuntien wuchern an den Asphalt heran, es geht über die Schlucht des Río Chico, man streift das Dorf Caratáunas. In der Ferne kleben verstreute Anwesen an den Hängen.

pileira, für Wanderer zwischen Frühling und Herbst Einstiegspunkt in die Sierra Nevada. Auch im 1420 m hoch gelegenen Capileira, wo die Luft schon merklich dünner ist, macht es Spaß, sich einfach ein Stück durch die Gassen treiben zu

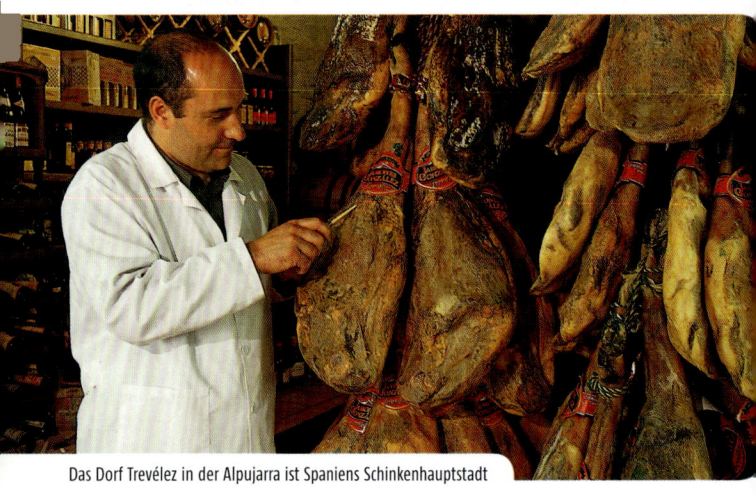

Das Dorf Trevélez in der Alpujarra ist Spaniens Schinkenhauptstadt

● ☼ **Pampaneira,** eines der malerischsten Dörfer der Provinz Granada, ist mit seinen Freiluftcafés und Andenkenläden mit reichlich Auswahl an Flickenteppichen kein Geheimtipp mehr, wie schon der Großparkplatz am Ortsrand zeigt. Enge Gassen, weiße Hausfassaden, Brunnen, bunte Kachelzier, holzgestützte Überhänge, Blumenkübel neben Hauseingängen sind trotz des regen Zulaufs keine touristischen Zurschaustellungen. Etwas abseits vom Trubel um den Kirchplatz bietet sich das *Restaurante Casa Julio (im Winter Mo geschl. | Avenida de la Alpujarra 9 | Tel. 9 58 76 33 22 | www.casa-julio.com | €)* zur Einkehr an; der Schwerpunkt liegt auf deftiger Hausmannskost. Hinter Pampaneira führt ein Abstecher über das lang gestreckte **Bubión** (kunstvolle Kamine!) ins 4 km entfernte ☼ **Ca-**

lassen. Der Ort ist wesentlich weitläufiger als Pampaneira und nicht ganz so kompakt; an der ansteigenden Hauptstraße finden Sie einige Cafés. Capileira bietet sich auch als Nachtquartier an, z. B. im **Hotel Rural Finca Los Llanos** *(40 Zi. | Tel. 9 58 76 30 71 | www.hotelfincalosllanos.com | €);* das angegliederte Restaurant ist täglich geöffnet und tischt Spezialitäten der Alpujarra auf.

Zurück auf der Hauptstraße setzen sich die kleinen, beschaulichen Bergdörfer auf dem Weg Richtung Trevélez fort: zunächst Pitres, dann Pórtugos; zwischen beiden Orten kreuzen Sie den Río Bermejo. Nächster weißer Ort ist Busquístar. Die Straße schnürt sich etwas zusammen, Sie passieren Schluchten wie den Barranco de Tesoro und Barranco de los Alisos. In den Höhen umspielen Wolken die Gipfel der Sierra Nevada, es zieht merklich kühler ins Wageninnere hinein.

Auf knapp 1500 m Höhe ist schließlich **Trevélez** erreicht, dessen weiße Häuser sich an den Hängen hinaufziehen. Trevélez ist in Ober-, Mittel- und Unterdorf aufgedrittelt und genießt gleich doppelten Ruhm: zum einen als Spaniens höchstgelegene Ortschaft, als die es sich auf einem Kachelbild ankündigt, zum anderen mit der Produktion von luftgetrocknetem, spanienweit gerühmtem Serranoschinken. Das gemäßigte Bergklima hat viele Kleinbetriebe entstehen lassen, in denen die Keulen monatelang in Trocken- und Lagerräumen baumeln. Die meisten Verkaufsläden liegen im Unterdorf, wo der würzig-fleischige Geruch bis auf die Straße zieht und zur Kostprobe *(degustación)* und zum Kauf verführt.

Im oberen Ortsteil bieten sich eines der zwölf **Apartamentos Siete Lagunas** *(Tel. 9 58 85 87 26 | www.apartamentossieteIagunas.com | €)* als Quartier an; außerdem werden auf dem ganzjährig geöffneten **Campingplatz** verschiedene Arten Hütten vermietet *(Camping Trevélez | Tel. 9 58 85 87 35 | www.campingtrevelez. net | €)*. Besonderes Leben herrscht in Trevélez während des Patronatsfests San Antonio um den 13. Juni und am Tag des San Benito, dem 11. Juli.

Trevélez verlassen Sie mit der Fahrt über den Río Trevélez; nun geht es wieder mit Schluchten wie dem Barranco de los Castaños weiter. Auf der kurvigen Strecke verlieren die Gebirgskulissen allmählich an Gewalt, in unscheinbaren Orten wie Juviles ist die Tradition lebendig: Da sitzen alte Männer auf Bänken zusammen, dort döst ein Hund auf der Straße. Wer sich jetzt noch zur Übernachtung entscheidet, kann es am Weg im **Hotel Los Bérchules** *(14 Zi. | Tel. 9 58 85 25 30 |, www.hotelberchules.com | €)* mit Restaurant und Sommerpool versuchen oder,

im Ort **Bérchules** selbst, bei den neun **Apartamentos Rurales El Vergel de Bérchules** *(Calle Baja de la Iglesia | Tel. 9 58 85 26 08 | apartamentos-elvergelde berchules.com | €)*.

Hinter Bérchules ist der östlichste Punkt der Tour erreicht. Von hier geht es über Cádiar und Torvizcón zurück auf die A 44 nach Granada, die Sie, begleitet von letzten grandiosen Bergpanoramen, auf Höhe des Stausees von Rules erreichen. Eine freundliche Hügellandschaft löst auf diesem letzten Abschnitt die gewaltige Gebirgskulisse ab; hinter Torvizcón genießen Sie letzte lohnende Fernblicke Richtung Sierra Nevada. Kurz vor Granada passieren Sie schließlich jene Anhöhe, deren Name **Suspiro del Moro** („Seufzer des Mauren") an den Rückzug des letzten Herrschers Boabdil nach dem Fall von Granada 1492 erinnert. Auf ebendieser Anhöhe soll Boabdil ein letztes Mal auf sein geliebtes Granada zurückgeblickt und tief geseufzt haben.

② TRAUMPFAD DURCH EIN ZAUBERGEBIRGE

 Diese 3-km-Wanderung durch den Naturpark ⭐ El Torcal de Antequera hat trotz ihrer Kürze höchsten Erlebniswert! Erforderlich sind adäquates Schuhwerk und ein Fahrzeug, um Start- und Endpunkt zu erreichen: den Parkplatz am Besucherzentrum ca. 15 km südlich von Antequera. Bringen Sie Wasser und ein Picknick mit, die nächsten größeren Einkehrmöglichkeiten bieten sich erst wieder in Antequera. Empfohlene Zeit für die Wandertour: anderthalb bis zwei Stunden.

Welch eine Zauberlandschaft! Was für geheimnisvolle Gebilde aus Felsfingern, Türmen, Zacken, Blöcken, Wülsten! El Torcal de Antequera ist Andalusiens bizarrster Naturpark, eine Märchenwelt,

Im Karst des Naturparks El Torcal schuf die Erosion bizarre Felsformationen

ein geologisches Kuriosum, das schon als Kulisse für Science-Fiction-Filme gedient hat. Dort wo sich heute eine zerklüftete Szenerie aus Kalksteinbergen auf Höhen um 1200–1400 m ausbreitet, befand sich einst der Grund eines Meers, den die Erosion seit Millionen Jahren modelliert hat. Auf der **Gelben Route (Ruta Amarilla),** die sich zum Teil mit der kürzeren Grünen Route (Ruta Verde) deckt, tauchen Sie ein in die Bergwelt. Holzpflöcke und gelbe Pfeile markieren den 3 km langen Weg, der sich hinter dem Parkplatz an Formationen vorbeizuwinden beginnt die wie Stapel aus aufgeschichteten Pfannkuchen wirken – nur aus Stein und riesengroß. Die Gebilde spornen die Phantasie an. Sind es Gesichter grimmiger Bergwächter, Indianerhäuptlinge mit Federschmuck, Haifischflossen, Schuppenpanzer von Krokodilen? Felsen an den Seiten sind mit Moos überzogen, von Rissen und Löchern durchsetzt. Trotz der vermeintlichen Kürze sollten Sie genügend Zeit für die Wanderung einplanen, denn unterwegs über Stock und Stein lernen Sie rasch: Auf Boden und Landschaft gleichzeitig zu achten, das geht einfach nicht, sonst gerät man ins Stolpern. Mal schnürt sich der Pfad eng zu-

sammen, mal öffnet er sich in Kessel und Senken, mal läuft er durch einen Rankentunnel. Kleinere Auf- und Abstiege stellen auch für weniger Konditionsstarke kein Problem dar.

Der Zivilisation entrückt, kommt die Rückkehr auf den Parkplatz einem Kulturschock gleich. Wenn Sie mögen, machen Sie noch Station im **Besucherzentrum** *(Centro de Visitantes | April–Okt. tgl. 10–19, Nov.–März 10–17 Uhr | www.torcalde antequera.com)* oder planen zum Abschluss ein paar zusätzliche Gehminuten zum ☀ **INSIDER TIPP** **Aussichtspunkt Las Ventanillas** ein.

AUF ZWEI RÄDERN IM NATURPARK CABO DE GATA

Auf 40 km führt Sie diese Radtour für Hartgesottene durch den Naturpark Cabo de Gata. Ausgangs- und Endpunkt ist San José → S. 41, wo Unterkünfte zur Verfügung stehen und Sie u. a. bei **Deportes Media Luna** *(Calle del Puerto 7 | Tel. 9 50 38 04 62 | www.deportesmedialuna.com)* ein Rad mieten können. Nicht vergessen: Trinkwasservorrat (reichlich!), Reparaturkit, Verpflegung und Badesachen – und Sonnenschutz, denn es kann extrem heiß werden! Obgleich Sie fast nur Nebenstraßen befahren, ist die Dichte des Autoverkehrs schwer zu prognostizieren.

Dass der **Naturpark Cabo de Gata → S. 38** ein Paradies für Naturfreaks ist, ist längst kein Geheimnis mehr. Statt reichlich Staub zu schlucken bei einem Radtrip südwestwärts zu den schönsten Stränden und zum Kap, ist ab San José auch ein Ausflug in die entgegengesetzte Richtung möglich. Auftakt ist das ca. 3 km kurze Stück bis zum lang gestreckten Dorf **El Pozo de los Frailes,** wo ein historisches Wasserschöpfrad *(noria)* nachgebaut worden ist. Kurz hinter El Pozo de los Frailes folgen Sie rechts der Straße nach Los Escullos (ab hier: 5 km), Rodalquilar (10 km) und Las Negras (17 km). Disteln, Feigenkakteen und Agaven zählen zur typischen Vegetation der Gegend. Ein erster Abzweig bringt Sie nach **Los Escullos,** wo die wuchtige Festungsanlage des **Castillo de San Felipe** wie ein Fremdkörper wirkt; erbaut wurde sie im 18. Jh., um mögliche Seeangriffe abzuwehren. An die Minisiedlung schließt sich die **Playa del Arco** an, wo Sie sich erstmals in die Fluten stürzen können.

Zurück auf der Hauptstraße, lassen Sie das weiße Küstendorf La Isleta del Moro rechts liegen, bevor ein Aussichtspunkt, der **Mirador Las Amatistas** (auch: La Amatista), ein besonders schönes Küstenpanorama freigibt. Hinter der nächsten Hügelbarriere öffnet sich das ausgedehnte Talbecken Valle de Rodalquilar, in das es mit zehn Prozent Gefälle abwärtsgeht. In **Rodalquilar,** dem am weitesten im Inland gelegenen Punkt der Tour, können Sie im Oberdorf verlassenen Goldminen einen Besuch abstatten.

Der Sackgassenort **Las Negras** markiert den Wendepunkt der Tour. Schöner als in der dortigen Cala del Cuervo ist ein erfrischendes Bad auf dem Rückweg in **La Isleta del Moro,** nachdem Sie die Anstrengung des Anstiegs aus der Senke von Rodalquilar bewältigt haben.

Die Rückkehr nach San José erfolgt dann auf derselben Strecke wie auf dem Hinweg (über El Pozo de los Frailes); mit dem Mountainbike haben Sie jedoch ab Los Escullos auch die Möglichkeit, über die Küstenpiste zu radeln, und kommen dann unterhalb des historischen Wachturms an, den man von San José aus sieht.

Wer kernig ist, erkundet den Naturpark Cabo de Gata mit dem Mountainbike

SPORT & AKTIVITÄTEN

Biken und Wandern, eine Runde Golf, Tauchgänge in kristallklarem Wasser – fast nichts ist unmöglich. Zu Workouts zwischendurch stacheln öffentliche, kostenlose Fitnessgeräte an, wie sie an vielen Stränden und selbst in kleinen Dörfern der Alpujarra aufgestellt worden sind.

GLEITSCHIRMFLIEGEN

Ein beliebter Spot zum Gleitschirmfliegen (*parapente*) ist das *Valle de Abdalajís,* ein Tal südwestlich von Antequera in der Provinz Málaga. Auf Tandemflüge und Mehrtageskurse sind die Schulen *Eolox (Tel. 6 50 68 59 69 | www.parapentebiplaza. net)* und *Líjar Sur (Tel. 6 17 49 05 00 | www.lijarsur.com)* spezialisiert.

GOLF

Costa del Sol gleich „Costa del Golf", so vermarktet sich die Sonnenküste mit dem Vorteil der ganzjährigen Bespielbarkeit der Plätze. Dort trifft sich die internationale Szene, auch bei vielen Turnieren. Über die Provinz Málaga (gute Übersicht unter *www.malagagolf.com*) verteilen sich mehr als 60 Plätze, was die Auswahl schwer macht. Da gibt es Berg- oder Meerblicke, Seen, Olivenbäume, tropische Vegetation, spektakuläre Wasserhindernisse. Hochbetrieb herrscht im Frühjahr und Herbst, während im Sommer vielfach Sonderangebote locken. Spaniens leider zu früh verstorbene Golfikone Severiano Ballesteros hat den Platz *Alhaurín Golf (Carretera Fuengirola–*

Zu Land, zu Wasser und in der Luft: Meer und bergiges Hinterland bieten rund ums Jahr ideale Bedingungen für Bewegungshungrige

Coín km 15 | Tel. 9 52 59 58 00 | www.al haurin golf.com) mit Aussicht aufs Meer und die Sierra de Mijas entworfen. *Mijas Golf (Camino Viejo de Coín | Urbanización Mijas Golf | Tel. 9 52 47 68 43 | www. mijasgolf.org)* setzt sich aus den beiden 18-Loch-Plätzen Los Olivos und Los Lagos zusammen. Ideal für Spieler sind Kombinationen von Golf und Hotel. Eine Luxusanlage wie das im Hinterland von Marbella gelegene ● *Hotel Villa Padierna (Tel. 9 52 88 91 50 | www.hotelvillapadier na.com)* überzeugt mit einem vielseiti-

gen Spa und **INSIDER TIPP** Zugängen zu gleich drei 18-Loch-Plätzen, das zwischen Málaga und Torremolinos gelegene *Hotel Parador del Golf (Tel. 9 52 38 12 55 | www. parador.es)* bietet einen 18-Loch-Platz und eine Golfschule.

RADFAHREN & MOUNTAINBIKING

Fahrradverleih gibt es eher selten – an der Costa del Sol sind wegen der starken Bebauung und des Verkehrs viele Gegenden einfach ungeeignet. Schön radeln lässt es sich dafür im Naturpark Cabo de Gata, schön anstrengend im Berggebiet der Alpujarra. Für Radfahrer gilt in Spanien außerorts Helmpflicht – und die ist dringend nötig, denn spanische Autofahrer verhalten sich Radfahrern gegenüber oft rücksichtslos.

Deutschsprachig begleitete Touren auf unausgefahrenen Pfaden u. a. durch die Sierra Nevada, die Sierra de Gádor und den Naturpark Cabo de Gata bietet das deutsch-spanische Bikerpaar Christel Steinhauser und Francis Segura Sánchez von `INSIDER TIPP` *Almería Bike Tours* (Tel. 9 50 31 73 00 | www.almeria-bike-tours. de) an. Klassiker ist die komplette Bikewoche inklusive Halbpension und Unterbringung auf der bei Pechina unweit von Almería gelegenen Bikestation, einer ruhigen 8000-m²-Finca mit zwei gemütlichen, einfachen Ferienhäusern. Benutzt werden hochwertige Full-Suspension-Räder. Angeboten wird auch eine einwöchige Etappentour durch die Sierra Nevada; die Hotels bei diesem „Sierra Nevada Cross" sind vorgebucht, die Teilnehmer müssen in sehr guter körperlicher Verfassung sein.

REITEN

Reitschulen – einzeln oder preisgünstiger im Zehnerpaket – bieten Einzel- und Gruppenstunden sowie Ausritte ins Hinterland an, z. B. bei Estepona die *Escuela de Arte Equestre Costa del Sol (Calle Río Padrón Alto | Tel. 9 52 80 80 77 | www. escuela-ecuestre.com)* oder bei Marbella der *Club Hípico Los Caireles (Urbanización Lindasol | Tel. 6 16 03 41 29 | www.loscaire les.es)*. Reiterwochen und -wochenenden können Sie u. a. bei *Cabacci (Alcudia de Guadix | Valle del Zalabi | Tel. 6 69 22 66 57 | www.cabacci.com)* in der Provinz Granada buchen.

SKIFAHREN

Zwischen November und März zieht es Skifans in die Sierra Nevada, wo in *Pradollano* die *Skistation Sierra Nevada* auf ca. 2100 m liegt. Es gibt Lifte, Materialverleih, Skikurse, reichlich Unterkünfte, Restaurants und allein auf dem Parkplatz Los Peñones Raum für eine Tausendschaft Autos – an Wochenenden kann der Andrang gewaltig sein! Dann empfiehlt sich nicht nur eine Anfahrt im Linienbus ab Granada, sondern auch die rechtzeitige Vorausbuchung einer Unterkunft über die *Reservierungszentrale Sierra Nevada (Tel. 9 02 70 80 90 | sierraneva da.es)*. Sollte das Wetter nicht mitspielen, helfen Schneekanonen nach.

SPRACHFERIEN

In Granada haben `INSIDER TIPP` Spanischkurse Tradition, ganz gleich, ob für Anfänger oder Fortgeschrittene, ob ein einwöchiger Intensiv- oder ein mehrmonatiger Studentenkurs. Unterkünfte werden auf Wunsch arrangiert. Zu den bewährten Adressen, die vom spanischen Kulturinstitut *Instituto Cervantes (eee.cervantes. es)* empfohlen werden, zählen *Castila (Aljibe del Gato 1 | Tel. 9 58 20 58 63 | www.castila.es)* und *Carmen de las Cuevas (Cuesta de los Chinos 15 | Tel. 9 58 22 10 62 | www.carmencuevas.com)*. Infos unter dem Gemeinschaftsportal der granadinischen Sprachschulen *www.gra nadaspanish.org*. Auch an der Küste finden Interessierte ein paar Sprachschulen, z. B. *TC Languages (Plaza de la Fabriquilla, Edificio G | Tel. 9 58 88 19 14 | www.tclan guages.com)* an der Costa Tropical in Almuñécar oder *Spanish Language Center (Avenida Ricardo Soriano 36, Edificio María III | Tel. 9 52 90 15 76 | www.spa nishlanguagec.com)* an der Costa del Sol in Marbella.

TAUCHEN

Die schönsten Tauchreviere sind der Naturpark Cabo de Gata-Níjar, die Ensenada de las Entinas bei Almerimar, der Bereich zwischen Castell de Ferro und Calahonda, La Herradura bei Almuñécar und die Küste von Benalmádena Costa bis Marbella. Tauchzentren *(centros de buceo)* bieten Kurse an, die den Vorschriften der Federación Española de Actividades Subacuáticas *(www.fedas.es)* entsprechen. Die Felsküste der Costa Tropical ist ein beliebtes Terrain von Tauchschulen wie *Buceo La Herradura (Tel. 9 58 82 70 83 | www.buceolaherradura.com)* im Sporthafen Marina del Este. Im Naturpark Cabo de Gata bietet das Tauchzentrum *Isub (Calle Babor 3 | San José | Tel. 9 50 38 00 04 | www.isubsanjose.com)* Kurse und Einstiege in die glasklaren Unterwasserwelten an.

WANDERN

Die Gebirgsgegenden der Sierra Nevada und Alpujarra sind beliebte Wanderreviere, wobei Sie keine Beschilderungen im Alpenvereinsstil erwarten dürfen! Infos z. B. auf *www.turgranada.es,* in den lokalen Touristenbüros wie in Lanjarón oder über die andalusische Bergsteiger- und -wanderervereinigung *Federación Andaluza de Montañismo (www.fedamon.com).* Ein schönes Wandergebiet an der Küste von Almería ist der Naturpark Cabo de Gata. Die *Agentur J 126 – Rutas de la Naturaleza (Avenida de San José 27 | San José | Tel. 9 50 38 02 99 | cabodegata-nijar. com)* bietet geführte Wanderungen an.

WIND- & KITESURFEN

Wind-, Paddel- und Kitesurfen ist an der Costa del Sol im Gegensatz zur Costa de la Luz bei Tarifa nicht so gefragt und wird nur vereinzelt angeboten. Kurse an der Costa Tropical bietet *Windsurf La Herradura (Paseo Marítimo | Tel. 9 58 64 01 43 | www.windsurflaherradura.com)* in La Herradura an. An der Costa de Almería ist z. B. die Schule *Sail & Surf (Playa Serena | Tel. 6 59 04 77 92 | www.surfroquetas.com)* in Roquetas de Mar eine gute Adresse. Kiter finden in Estepona die *Freedom Kite School (Playa Guadalmansa | Tel. 6 07 92 60 92 | www.kitesurfestepona.com).* Die *Kite Surf Academy (Tel. 6 20 31 44 21 | www.kiteboardacademy.com)* hat keinen festen Sitz, sondern wechselnde Spots an der westlichen Costa del Sol.

An Costa del Sol und Costa Tropical geht es meist ruhiger zu als im Surferspot Tarifa am Atlantik

MIT KINDERN UNTERWEGS

Spät ins Bett, Schulbeginn erst um neun, zehn Wochen Sommerferien, kein Protest gegen Kinderlärm zu später Stunde – spanische Kinder haben es gut. Das Land gibt sich kinderfreundlich, der Nachwuchs ist meist gern gesehen. Einzig, dass es in Spanien kein Kindergeld gibt, steht auf einem anderen Blatt ...

ALMERÍA & COSTA DE ALMERÍA

MARIO PARK (129 D6) (*M5*)

Kamikazerutsche, Río Bravo, Black Hole – diese und weitere Attraktionen bürgen im Aquapark von Roquetas de Mar für sommerlichen Wasserspaß. *Mitte Juni–Anfang Sept. tgl. 11–19 Uhr | 21 Euro, Kinder (4–12 Jahre) 14 Euro, ab 15.30 Uhr 14,50/10,50 Euro | Camino de las Salinas | www.mariopark.com*

OASYS – PARQUE TEMÁTICO DEL DESIERTO DE TABERNAS (129 D5) (*M4*)

Die Bösen und die Guten, Prügeleien, ein Duell, der Galgen, kleine Stunteinlagen auf dem Pferd – eine **INSIDER TIPP** Westernshow gibt dem Besuch dieses Westernkulissendorfs mit seinem Saloon, der Bank und dem Sheriff's Office die richtige Würze. Darüber hinaus überrascht der „Wüsten-Themenpark" mit seiner Vielfalt vom Kaktusgarten über Kutschenhalle und Cancan-Tanzshow *(tgl. 13 und 16, im Sommer außerdem um 19 Uhr)* bis zum Kinomuseum mit Filmplakaten und historischen Projektoren. Den größten Teil

Bild: Oasys

Ponyhof und Streichelzoo waren gestern: Wilder Westen, Krokodile, Haifischbecken und ein Erdbebensimulator

des Geländes nimmt jedoch ein Zoo mit ca. 200 verschiedenen Tierarten ein, u. a. mit Giraffen, Nashörnern und Straußen im Lebensraum Savanne. Im Dschungelhaus leben Weißbüscheläffchen und Keulenhornvögel, vor kleinen Tribünen sind Papageienshows im Programm. Von Juni bis Anfang September ist der Poolkomplex geöffnet (im Eintritt enthalten, Badesachen nicht vergessen!). *Juni–Sept. tgl. 10–21, April/Mai und Okt. 10–19, Nov. bis März unregelmäßig, meist nur Sa/So 10–19 Uhr, ca. 15-minütige Westernshows in der Regel um 12 und 17, im Sommer zusätzlich um 20 Uhr | 19,90 Euro, Kinder (4–12 Jahre) 9,90 Euro, außerdem Parkplatzgebühr | N 340 km 464 | www.playa senator.com*

GRANADA & COSTA TROPICAL

ACUARIO DE ALMUÑÉCAR ●
(127 E5) (*J5*)
Quallen und Seepferdchen, dazu Korallen, Seegurken und Seesterne als Bei-

spiele für die Lebensgemeinschaften im Meer – das Aquarium an der Plaza Kuwait in Almuñécar ist klein, aber fein. Seezungen liegen nicht auf dem Teller, sondern bestens getarnt im Sand, Muränen schauen aus Felslöchern hervor. Hö-

Siesta am Strand? Aber nur mit Sonnenschutz!

hepunkt zum Schluss ist das „Oceanario"-Bassin mit dem Schwebeflug von Rochen und Haien. *Juli/Aug. tgl. 10.30–22, Juni Mo–Fr 10–19.30, Sa/So 10.30–21, Sept.– Mai Mo–Fr 10–8.30, Sa/So 10.30–19.30 Uhr | 12 Euro, Kinder (4–12 Jahre) 9 Euro | www.acuarioalmunecar.es*

PARQUE DE LAS CIENCIAS
GRANADA ● (127 E3) (*ル J4*)
Ein tropisches INSIDER TIPP ▶ Schmetterlingshaus mit frei umherfliegenden Schmetterlingen *(mariposario tropical)* Klettergeräte, ein Planetarium, der Pavillon „Reise in den menschlichen Körper": Hinter dem allzu strengen Wort „Wissenschaftspark" steckt ein weitläufiges, abwechslungsreiches Museumsgelände. Der Schwerpunkt liegt auf kind- und jugendgerechten interaktiven Bereichen. Da lässt sich ein Käfer durchs Mikroskop betrachten, ein Dreirad durch den Parcours steuern und mit aufgelegter Hand auf einem Erdbebensimulator die Stärke

der Stöße spüren. Regelmäßig angesetzt sind Raubvogelshows und Anatomiedemonstrationen, bei denen Schweineherzen zum Einsatz kommen. Wahrzeichen des 70 000-m²-Areals ist der ☀ Aussichtsturm mit seiner Plattform, die auf 37 m Höhe Panoramablicke bis zu den höchsten Gipfeln der Sierra Nevada freigibt. Durch die kostenlosen Ferngläser sind im Winter sogar die Skifahrer auf den Pisten zu sehen! *Di–Sa 10–19, So 10–15 Uhr | 6 Euro, Kinder und Jugendliche bis 18 Jahre 5 Euro, Planetarium (Programme im Regelfall nur auf Spanisch) zusätzlich 2,50/2 Euro | Avenida de la Ciencia | www.parqueciencias.com*

INSIDER TIPP ▶ PARQUE ORNITOLÓGICO
LORO SEXI (127 E5) (*ル J5*)
Das wilde Geschrei und Gekrächze weist Ihnen den Weg in den am Hang angelegten Vogelpark von Almuñécar, der direkt an ein Wohngebiet und an die unteren Ausläufer der Burg grenzt. Teils steile Treppenwege führen zu den verstreut liegenden Großkäfigen, in denen etwa 200 Vogelarten gehalten werden. Dazu zählen Papageien, Kakadus, Pfauen und Ibisse. Die Beschriftungen sind auf Englisch und Spanisch, doch die prächtigen Federkleider des Kleinen Soldatenaras und des Hyazintharas sprechen ohnehin für sich. Einige der Spezies sind vom Aussterben bedroht. Interessant im Freiluftgelände ist auch der Kakteengarten, Zugabe sind die Blicke über die Bergwelt im Küstenhinterland. *Tgl. 11–14 und 18–21 (Winter 16–18) Uhr | 5 Euro, Kinder 3 Euro | Plaza de Abderramán*

DIE COSTA DEL SOL
UM MÁLAGA
CROCODILE PARK ● (126 B6) (*ル F6*)
Über 250 Riesenechsen, vom Nilkrokodil bis zum Alligator, leben am Stadtrand

von Torremolinos im Krokodilpark. Die Freiluft- und Hallentümpel erlauben Beobachtungen aus nächster Nähe. Prachtexemplar ist der zwölf Zentner schwere „Big Daddy", der einen kleinen Harem um sich schart und in einem Rivalenkampf einst ein Stück Schwanz einbüßte. Lohnend ist die im Preis enthaltene Teilnahme an einer **INSIDER TIPP** *Führung (in der Regel tgl. um 11.30, 13.30 und 15.30 Uhr).* Die geführten Besuche (auf Spanisch und Englisch) geben Aufschluss zu Charakteristika und Verhalten der Tiere, die träge an Land verharren und einen Augenblick später pfeilschnell hervorschießen können. Der Nachwuchs der urzeitlichen Kaltblüter ist in der Aufzuchtstation untergebracht. *Juni–Sept. tgl. 10–19, März–Mai und Okt. 10–18, Nov.–Feb. 10–17 Uhr | 14 Euro, Kinder (4–12 Jahre) 11 Euro | Calle Cuba | www.crocodile-park.com*

DIE COSTA DEL SOL UM MARBELLA

SELWO AVENTURA (126 E4) *(𝔐 E6)*
Halb Wildfreigehege, halb Zoo: 2000 Tiere leben hier auf einem Riesengelände nahe der Sierra Bermeja. Safarifeeling kommt bei den Fahrten mit den regelmäßig verkehrenden Transporttrucks auf. Im Seengebiet Reserva de los Lagos tummeln sich Antilopen und Gazellen, Elefanten und Giraffen haben große Gehege. Zu Fuß ist das Streckennetz lang in Selwo Aventura, doch kein Weg ist zu weit für den **INSIDER TIPP** Vogelcanyon *Cañón de las Aves.* 340 m lang und bis zu 25 m hoch ist der mit Netzen geschützte Bereich, in dem mehrere Hundert Vögel zwischen Bambussträuchern und Gummibäumen in Halbfreiheit leben. Mittendurch läuft der Besucherweg aufwärts, auf dem Sie nach Ibissen, Marabus und weiteren Arten Ausschau halten. Mal ist der Flügelschlag aufgeregt, mal ganz

lautlos. Am Eingang informiert eine Tafel über die aktuellen Anfangszeiten der verschiedenen Shows (Raubvögel, Schlangen). Aktivitäten wie Bogenschießen und Kamelreiten kosten extra. *Mitte Feb.–Anfang Nov. tgl. 10–18 (im Sommer bis 19 bzw. 20), Anfang Nov.–Anfang Dez. Sa/So 10–18 Uhr | 24,50 Euro, Kinder (3–9 Jahre) 17 Euro, außerdem Parkplatzgebühr | Las Lomas del Monte, ausgeschilderter Abzweig ab km 162,5 der A 7 | www.selwo.es*

Auf das Streichelgehege hat man im Krokodilpark lieber verzichtet

EVENTS, FESTE & MEHR

Folklore und Feuerwerk bei Patronatsfeiern, vibrierende Klänge bei Musikfestivals – in Andalusien gibt es immer einen Anlass, die Fiestafreude lautstark auszuleben. Einzige Ausnahme ist die getragene Stimmung bei den Prozessionen in der Karwoche: Dann schultern die Mitglieder zahlreicher Bruderschaften (*cofradías, hermandades*) Monumentalaufbauten (*pasos, tronos*) mit religiösen Standbildern, wobei auf jeden der vermummten Träger eine Last von einem Zentner und mehr entfällt.

OFFIZIELLE FEIERTAGE

1. Jan. *Año Nuevo;* **6. Jan.** *Reyes Magos;* **28. Feb.** *Día de Andalucía;* **Gründonnerstag** *Jueves Santo;* **Karfreitag** *Viernes Santo;* **1. Mai** *Día del Trabajo;* **15. Aug.** *Asunción de Nuestra Señora;* **12. Okt.** *Día de la Hispanidad* (Gedenktag an die Entdeckung Amerikas); **1. Nov.** *Todos los Santos;* **6. Dez.** *Día de la Constitución* (Tag der Verfassung); **8. Dez.** *Inmaculada Concepción* (Mariä Empfängnis); **25. Dez.** *Navidad.* Fällt ein Feiertag auf einen Sonntag, wird er meist am Montag nachgeholt.

FESTE & VERANSTALTUNGEN

JANUAR

Am 2. Jan. ▶ ● *Fiesta de la Toma* in Granada zur Erinnerung an die Einnahme der Stadt durch die christlichen Truppen im Jahr 1492.

Am 5. Jan. abends vielerorts ▶ **INSIDER TIPP** Dreikönigsumzüge *(Cabalgatas de los Reyes Magos)* mit geschmückten Wagen, Musikgruppen und Bonbonbombardements, u. a. in Granada, Almería und Málaga

MÄRZ/APRIL

Während der Karwoche *(Semana Santa)* finden in vielen Orten beeindruckende ▶ *Büßerprozessionen* statt, die sich oft stundenlang hinziehen. In Granada und Málaga gibt es jeweils über 30 Bruderschaften und ebenso viele Prozessionen zwischen Palm- und Ostersonntag. Traditionelle Höhepunkte sind Gründonnerstag und Karfreitag.

MAI

Am 3. Mai ▶ *Cruces de Mayo,* („Fest der Maikreuze"), ein Frühjahrsfest mit reichem Blumenschmuck in den Straßen, u. a. in Granada

Im Fiestafieber: In einer der lautesten Regionen Europas steigen die Dezibel bei Feiern aller Art

JUNI
Um den 11. Patronatsfest in Marbella, die ▶ *Feria de San Bernabé*

ENDE JUNI–MITTE JULI
Gegen Ende Juni Beginn des ▶ *Festival de Música y Danza in Granada (www. granadafestival.org)* mit Ballett und klassischen Konzerten an verschiedenen Veranstaltungsorten

JULI
Zu Monatsbeginn Tanz, Konzerte und Umzug mit Großkopfpuppen beim ▶ *Stadtfest* in Estepona

AUGUST
Am ersten Samstag zieht es Tausende zum INSIDER TIPP „Neujahrfest" ▶ *Fiesta de „Nochevieja"* ins Alpujarra-Dorf Bérchules; Grund für den ungewöhnlichen Termin: ein Stromausfall bei Neujahrsfeiern Mitte der Neunzigerjahre. Zur Sicherheit feiert man seither vor oder nach – ganz egal, Hauptsache ausschweifend.

Am 15. Aug. in Cómpeta im Hinterland von Nerja INSIDER TIPP Weinfest mit Folklore bei der ▶ *Noche del Vino*
Etwa ab Monatsmitte zehntägiges ▶ *Stadtfest (Feria)* in Málaga, begleitet von Umzügen, Konzerten, Flamenco, Feuerwerk und den unvermeidlichen Stierkämpfen. Weitere ▶ *Stadtfeste* in Antequera *(Real Feria de Agosto)* und Almería (Konzerte, Stierkämpfe, Straßentheater, Feuerwerk)

SEPTEMBER
Zu Monatsanfang ▶ *„Touristentag"* in Torremolinos mit Festumzug, Paella, Pferdekutschenschau, ▶ *Feria* in Guadix, ▶ *Stadtfest Pedro Romero* in Ronda und ▶ *Patronatsfest* in Mijas
▶ *Flamencofestival* im Stadtviertel Albaicín in Granada

OKTOBER
Um den 10. ▶ *Feria* in Fuengirola

LINKS, BLOGS, APPS & MORE

LINKS

▶ www.marcopolo.de/costadelsol Alles auf einen Blick zu Ihrem Reiseziel: interaktive Karten inklusive Planungsfunktion, Impressionen aus der Community, aktuelle News und Angebote …

▶ www.visitcostadelsol.com Tourismusportal zu Málaga und der Costa del Sol, auch auf Deutsch; breite Themenpalette

▶ www.aktuelle.es Kostenlose Onlineausgabe des Aktuellen Spanienmagazins, das an der Costa del Sol erscheint. Entsprechend viel Lokalkolorit, Infos, Reisestorys

▶ www.costanachrichten.com Hält Sie über alles Wissenswerte an der Costa del Sol, der Costa Tropical und der Costa de Almería aktuell auf dem Laufenden

▶ www.andaluz.tv Nicht nur Onlinenews aus Andalusien mit Rubriken zu Golf, Anzeigen und Wetter – hier klicken Sie sich auch zu diversen Webcams an der Costa del Sol durch

APPS

▶ Cityguide Granada Ein Stadtführer durch Granada fürs I-Phone; in ähnlicher Form auch für Málaga erhältlich

▶ Beaches of Costa del Sol Da bleibt keine Frage offen: Bilder, Beschreibungen und GPS-Koordinaten für sämtliche Strände der Provinz Málaga

NETWORK

▶ mp.marcopolo.de/cds8 Berichte, Tipps und Erfahrungen der Travelpod-Community, irgendwo zwischen tiefgründig und oberflächlich, zwischen kaum erwähnens- und äußerst wissenswert

▶ www.couchsurfing.org Individualreisende, die Einheimische zum Kennenlernen suchen, haben die Wahl zwischen vielen Stationen in Spaniens Süden

Egal, ob Sie sich vorbereiten auf Ihre Reise oder vor Ort sind: Mit diesen Adressen finden Sie noch mehr Informationen, Videos und Netzwerke, die Ihren Urlaub bereichern. Da manche Adressen extrem lang sind, führt Sie der kürzere mp.marcopolo.de-Code direkt auf die beschriebenen Websites

BLOGS & FOREN

▶ www.notesfromspain.com Eine private, preisgekrönte Bloggerwebsite von Ben Curtis und Marina Diez; auf Englisch, große Themenvielfalt, auch Podcasts

▶ www.selbstversuch-spanien.de Satirisch und skurril sind die Episoden, die MARCO POLO Autor Andreas Drouve rund um das Leben in Spanien verfasst. Ein treffender Einblick in Mentalität, Alltag, Besonderheiten

▶ mp.marcopolo.de/cds1 News aus Málaga und Umgebung, angereichert mit Infos zu Nerja und Torremolinos

▶ blog.granada-reisen.de Kleine Fundgrube mit Tipps zu Granada

▶ costablog.com Sport, Immobilien, Fiestas, Konzerte, Shopping – auf diesem englischsprachigen Forum ist alles dabei

▶ www.diariodeunalemol.com Blogger André Höchemer lebt seit Jahren in Spanien und ist zweifelsfrei vom Iberovirus infiziert; hier schreibt er über seine Wahlheimat – inklusive interkultureller Missverständnisse

▶ www.spanienforum.de Treffpunkt für Urlauber, Auswanderer, Residenten. Austausch, Hinweise, Tipps und Ideen zu allen erdenklichen Themen

VIDEOS & PODCASTS

▶ canalflamenco.radio.de Hören Sie sich rein in Flamenco!

▶ mp.marcopolo.de/cds2 Kurzes, aufschlussreiches Video zur Alhambra in Granada. Ähnlich auf Englisch unter *mp.marcopolo.de/cds3*

▶ mp.marcopolo.de/cds4 Prägnante Einführung in die Costa del Sol, auch mit Luftaufnahmen. Treffende Kommentare zu Traditionen und Moderne

▶ mp.marcopolo.de/cds5 Citytour durch Granada; auf Englisch

▶ mp.marcopolo.de/cds7 Unverfälschte Ausschnitte einer Flamencoshow in Granada – nicht die allerbeste Qualität, aber gut zur Vorbereitung, was Sie als Tourist erwartet

ICH WAR SCHON DA!

Drei User aus der MARCO POLO Community verraten ihre Lieblingsplätze und ihre schönsten Erlebnisse

PLAYA DE CANTARRIJÁN

Auf der Küstenstraße N 340 A, die parallel zur Autobahn A 7 direkt entlang der Küste führt, gelangt man vom hübschen Nerja die Costa Tropical entlang Richtung Salobreña. Die Costa Tropical ist der ruhigste Abschnitt der andalusischen Mittelmeerküste, Massentourismus gibt es hier kaum. Unser Lieblingsstrand war die Playa de Cantarriján bei Almuñécar, die mit dem Auto zu erreichen ist: Es handelt sich dabei um einen 350 m langen Kiesstrand mit FKK-Möglichkeiten und einem sehr gemütlichen Restaurant. Hinter Almuñécar liegt das hübsche Salobreña – ein Ort, den man sich anschauen sollte. **editha aus Nettetal**

LA CASTELLANA

Eine empfehlenswerte Tapabar namens La Castellana entdeckten wir in Torremolinos in der Calle Carmen Montes. Wir konnten hier preisgünstig und lecker essen – wer Tapas mag, ist hier richtig! Anschließend unternahmen wir einen Spaziergang durch das Städtchen und verbrachten dort noch einen gemütlichen Nachmittag. **melb1 aus Stuttgart**

TRAUMHAUS IN MARBELLA

Wir bewohnten ein charmantes Hotel in der schönen Altstadt von Marbella *(Calle Príncipe 10)*. Es gibt unzählige kleine, nette Lädchen, Boutiquen, Restaurants – Urlaubsflair, wie es schöner nicht sein kann. In der Nähe entdeckte ich dieses Traumhaus mit der prächtig blühenden Bougainvillea. **Orchidee aus Gingen**

Haben auch Sie etwas Besonderes erlebt oder einen Lieblingsplatz gefunden, den nicht jeder kennt? Gehen Sie einfach auf www.marcopolo.de/mein-tipp

PRAKTISCHE HINWEISE

ADRESSEN

Spanische Adressen werden häufig ohne Hausnummer angegeben oder mit dem Zusatz „sin número", abgekürzt „s/n". Jedermann weiß halt, wo die genaue Adresse ist. Ortsunkundige müssen sich im Zweifelsfall durchfragen. Folgt umgekehrt auf die Hausnummer noch eine Ziffer, bezeichnet diese in der Regel das Stockwerk.

ANREISE

Etwa zweieinhalb bis drei Tage müssen Sie für die Anreise mit dem Auto einkalkulieren, wenn man die Entfernungen bedenkt – z. B. Stuttgart–Almería 2100 km, Hamburg–Granada

GRÜN & FAIR REISEN

Auf Reisen können auch Sie mit einfachen Mitteln viel bewirken. Behalten Sie nicht nur die CO_2-Bilanz für Hin- und Rückflug im Hinterkopf *(www.atmosfair.de)*, sondern achten und schützen Sie auch nachhaltig Natur und Kultur im Reiseland *(www. gate-tourismus.de; www.zukunft-reisen.de; www.ecotrans.de)*. Gerade als Tourist ist es wichtig, auf Aspekte zu achten wie Naturschutz *(www. nabu.de; www.wwf.de)*, regionale Produkte, Fahrradfahren (statt Autofahren), Wassersparen und vieles mehr. Wenn Sie mehr über ökologischen Tourismus erfahren wollen: europaweit *www.oete.de*; weltweit *www.germanwatch.org*

2600 km. Je nach Ausgangspunkt kommt entweder die Strecke Paris–Bordeaux–San Sebastián–Madrid oder Lyon–Barcelona–València in Betracht. Im Internet helfen kostenlose Routenplaner nicht nur bei der Streckenführung, sondern auch bei der Preiskalkulation für die gebührenpflichtigen Autobahnen durch Frankreich und Spanien.

Der Anreisemarathon in der Bahn kann bis zu 30 Stunden dauern, wobei mehrfach der Zug zu wechseln und der Preis höher ist als ein frühzeitig gebuchter Flug. *www.bahn.de, www.renfe. com*

Die Europabusse der *Deutschen Touring (Tel. 069 7 90 35 01 | www.tou ring.de)* bedienen ab diversen deutschen Städten regelmäßig Andalusien, u. a. Granada, Málaga und Almería. Je nach Abfahrtsort und Destination sind Sie 35–40 Stunden unterwegs. Auf den Standardtarif gibt es Ermäßigungen für Kinder, Jugendliche, Studenten und Senioren.

Internationale Flughäfen liegen in Málaga (groß) und Almería (klein), während der Airport von Granada eher für Anschlussflüge ab Madrid oder Barcelona in Betracht kommt. Je nach Saison gibt es viele Verbindungen, doch die Pläne der Airlines wechseln häufig. Die spanischen Fluglinien arbeiten alles andere als serviceorientiert und haben sich mit häufigen Verspätungen, unangekündigten Stornierungen und verschwundenen oder beschädigten Gepäckstücken selber in Misskredit gebracht. Verbindungen und Preise checkt man gut unter *www.opodo.de* oder direkt bei den Air-

Von Adressen bis Zoll

Urlaub von Anfang bis Ende: die wichtigsten Adressen und Informationen für Ihre Reise an die Costa del Sol

lines: *Air Berlin (www.airberlin.com)* ab vielen Städten in Deutschland und der Schweiz, ab Österreich mit *Niki (www.flyniki.com)*, nach Almería und Málaga, oft via Palma de Mallorca. *Germanwings (www.germanwings.com)* u. a. von Stuttgart, Dresden, München und Berlin nach Málaga. *Lufthansa (www.lufthansa.com)* u. a. von Frankfurt nach Málaga. Das Angebot von *Ryanair (www.ryanair.com)* ist stark saisonabhängig und zusätzlichen Gebühren unterworfen; Flüge z. B. von Weeze nach Almería und von Weeze, Bremen oder Hahn nach Málaga.

AUSKUNFT

SPANISCHE FREMDENVERKEHRSÄMTER

– *Kurfürstendamm 63 | 10707 Berlin |Tel. 01803 00 26 47 | berlin@tourspain.es*
– *Walfischgasse 8 | 1010 Wien | Tel. 08 10 24 24 08 | viena@tourspain.es*
– *Seefeldstr. 19 | 8008 Zürich | Tel. 0 08 00 10 10 50 50 | zurich@tourspain.es*
Informationen in Spanien sind im jeweiligen örtlichen Fremdenverkehrsamt *(oficina de turismo)* erhältlich; beim ausgegebenen Material ist auf Angaben wie Adressen und Öffnungszeiten allerdings nicht immer hundertprozentig Verlass!

TOURISMUSPORTALE IM INTERNET

www.spain.info;
sierranevada.es;
www.almeria-turismo.org;
www.andalucia.org;
www.ctropical.org;
www.granadatur.com;
www.turgranada.es ;
www.turismodealmeria.org;
www.visitcostadelsol.com

AUTO

Die Höchstgeschwindigkeit beträgt innerorts 50 km/h, auf Landstraßen – abhängig von der Beschilderung – 90 bzw. 100 km/h, auf Autobahnen 120 km/h. Die Promillegrenze liegt bei 0,5. Fahrzeuge dürfen bei einer Panne nicht privat abgeschleppt werden, dafür sind ausschließlich autorisierte Abschleppdienste zuständig. Ins Auto gehören zwei Warndreiecke und eine reflektierende Warnweste. Man unterscheidet zwischen gebührenpflichtiger Autobahn *(autopista)* und autobahnänlicher, gebührenfreier Schnellstraße *(autovía)*.
Spaniens Unfallraten rangieren leider auf einem der Spitzenplätze in Europa. Auf Zebrastreifen sollte niemand sein Recht einfordern, Sicherheitsabstand ist häufig ein Fremdwort und das Anfahren bei Rot eine unausrottbare Unsitte. Wer bei Verstößen von der Polizei erwischt wird, muss tief in die Tasche greifen, z. B. bei der Handybenutzung am Steuer oder beim Falschparken. Dabei bleibt es nicht ohne Weiteres beim Bußgeldbescheid, sondern es kann ohne weitere Vorwarnung direkt der Abschleppwagen bestellt werden.

DIPLOMATISCHE VERTRETUNGEN

DEUTSCHES KONSULAT

Edificio Eurocom, Bloque Sur | Calle Mauricio Moro Pareto 2, 5. Stock | Málaga | Tel. 9 52 36 35 91 | www.malaga.diplo.de

ÖSTERREICHISCHES KONSULAT

Alameda de Colón 26, 2. Stock links | Málaga | Tel. 9 52 60 02 67

SCHWEIZER BOTSCHAFT
Calle Núñez de Balboa 35 | Edificio Goya | Madrid | Tel. 91 436 39 60 | www.eda.admin.ch

EINREISE

Der Personalausweis reicht. Bei der Einreise aus Schengenländern findet in der Regel keine Kontrolle statt.

FKK

Oben-ohne-Sonnen am Strand ist verbreitet, ganz ohne geht es nur an explizit ausgewiesenen Stränden *(playas naturistas)* wie Cantarriján an der Costa Tropical bzw. abgelegenen Buchten wie im Naturpark Cabo de Gata.

FOTOGRAFIEREN

Speicherkarten und CDs sind in Spanien teurer, während Markenbatterien oft billiger zu haben sind. Vereinzelt gilt in Museen ein Fotografierverbot, z. B. im Museo Picasso in Málaga.

GELD & KREDITKARTEN

Geldautomaten und die gängigen Kreditkarten wie Visa sind weit verbreitet. Bei der Bezahlung mit Karte wird gelegentlich ein Ausweis verlangt. Banken haben in der Regel Mo bis Fr von 9 bis 14 Uhr geöffnet.

GESUNDHEIT

In Spanien gilt die Europäische Krankenversicherungskarte EHIC. Ein Anspruch auf freie Arztwahl besteht nicht, Sie müssen sich an das jeweilige örtliche Gesundheitszentrum *(centro de salud)* wenden. Deutschkenntnisse darf niemand erwarten, und Zahnbehandlungen sind grundsätzlich aus den Leistungen ausgeklammert. Daher wenden sich manche Urlauber lieber an deutschsprachige Privatärzte, von denen sich einige an der Costa del Sol niedergelassen haben. Die Notfallabteilung eines Krankenhauses heißt *emergencias;* die Wartezeiten können dort sehr lang sein, und die Behandlung entspricht nicht immer der Erwartung.

Wer eine Reisekrankenversicherung abschließt, sollte das berühmte Kleingedruckte studieren, vor allem zur Kostenerstattung. Apotheken *(farmacias)* finden Sie flächendeckend, und sie sind gut ausgestattet. Manche Medikamente gibt es rezeptfrei und deutlich billiger als daheim.

INTERNETZUGANG & WLAN

Serviceorientierte Hotels bieten ihren Kunden Terminals und WLAN an, das auf Spanisch *wifi* heißt. Ob kostenfrei oder nicht, hängt allerdings vom Haus ab. In öffentlichen Bibliotheken ist die Benutzung von Internetterminals gegen Vorlage von Pass oder Personalausweis im Regelfall kostenlos, Sie müssen aber mit Wartezeiten und älteren Geräten rechnen. Kommerzielle Internetzentren sind häufig Telefonzentralen *(locutorios)* angeschlossen. Bei den Adressen herrscht erfahrungsgemäß eine große Fluktuation, und auch die Preise schwanken erheblich. Gehen Sie als Richtwert von 1–1,50 Euro pro 30 Minuten aus.

KLIMA & REISEZEIT

Im Sommer herrscht Highlife und eine zuweilen drangvolle Enge an den Stränden der Costa del Sol, während man im milden Herbst und Winter die Stille genießt – zum Baden ist das Wasser allerdings ab November meist zu kalt. Die

PRAKTISCHE HINWEISE

Temperaturen des Mittelmeers liegen ab Januar bis in den April hinein bei höchstens 15 Grad. Herbst und Frühjahr sind ideale Jahreszeiten zum Wandern und Radfahren, aber auch für einen Citytrip nach Granada und ausgedehntere Rundfahrten. So entgehen Sie der sommerlichen Hitze, die mancherorts bis 40 Grad reicht, und den Warteschlangen und Staus.

MEDIEN

In vielen Hotels können Sie deutsche Fernsehprogramme empfangen. Maßgeblich in Spanien, wo es mehr als 1000 verschiedene Kanäle gibt, sind die staatlichen Sender TVE 1 und TVE 2 sowie die privaten Antena 3 und Tele 5. Deutsche Zeitungen und Zeitschriften sind in Urlaubszentren sowie allen größeren, in der Saison auch in kleineren Orten erhältlich. Regionalzeitungen wie „Ideal" dienen als wichtige Infoquelle für Veranstaltungen.

MIETWAGEN

Autoverleiher sind vielfach vertreten, auch an den Flughäfen von Málaga und Almería. Es empfiehlt sich, das Auto von daheim aus zu mieten, was nicht nur die Verfügbarkeit des Fahrzeugs garantiert, sondern auch eine Menge Geld sparen kann. Wochenpreise für kleine Modelle beginnen bei etwa 130 Euro inklusive freien Kilometern und Vollkaskoversicherung, doch die Angebote schwanken. Gute Vergleichsmöglichkeiten geben Vermittler wie *Auto Europe (www.autoeurope.de)* oder *www.billiger-mietwagen.de* und Anbieter wie *Centauro (www.centauro.net)*. Je nach Verleiher variiert das Mindestalter des Anmieters (meist 21 Jahre). Die Vorlage einer Kreditkarte wird vorausgesetzt.

Achten Sie auf finanzielle Fallstricke, die spanische Autovermieter gerne verstecken! Ihre Tankregelung *(política de gasolina)* erwähnen sie zwar pflichtgemäß in den allgemeinen Geschäftsbedingungen, doch dahinter verbergen sich oft nicht unerhebliche, ärgerliche Kosten. Die „Politik" besteht nämlich häufig darin, dass der Mieter bei Übernahme des Fahrzeugs eine je nach Modell variierende – und vorab nicht ausgewiesene! – Zusatzsumme für den gefüllten Tank zu entrichten hat, je nach Wagentyp zum Teil über 100 Euro. Den Wagen kann man dann zwar mit leerem Tank zurückgeben, doch das vorab Kassierte liegt um Längen über einer Komplettbefüllung.

WAS KOSTET WIE VIEL?

Kaffee	um 1 Euro *für einen café solo*
Benzin	um 1,30 Euro *für 1 l Super*
Busfahrt	um 8 Euro *für 100 km*
Mittagessen	ab 8 Euro *für ein Tagesmenü*
Alhambra	14,30 Euro *für den Eintritt*
Souvenir	ab 4 Euro *für einen kleinen Keramikteller*

NOTRUF

Allgemeine Notrufnummer: *Tel. 112.* Die Polizei heißt *policía,* die Feuerwehr *bomberos.*

ÖFFENTLICHE VERKEHRSMITTEL

Das Busnetz ist hervorragend ausgebaut, das Preisniveau erfreulich niedrig. Jeder größere Ort verfügt meist über einen Busbahnhof *(estación de autobuses)*. Wer an der Costa del Sol auf die zwischen Málaga und Fuengirola pendelnden Nahverkehrszüge *(trenes de cercanías | www. renfe.com)* der spanischen Eisenbahngesellschaft Renfe umsattelt, umgeht die häufigen Staus.

ÖFFNUNGSZEITEN

In Spanien gibt es keine geregelten Ladenschlusszeiten. Überwiegend sind die Geschäfte montags bis freitags von 9.30 oder 10 bis 13.30 oder 14 und von 16.30 oder 17 bis 20 Uhr geöffnet, samstags mitunter nur vormittags. In Urlaubszentren sind viele Geschäfte in der Saison durchgehend und bis spät in den Abend geöffnet.

POST

Briefe bis 20 g und Postkarten in EU-Länder sowie die Schweiz brauchen wenige Tage Laufzeit, das Porto steigt immer zu Jahresbeginn. Briefmarken *(sellos)* sind in Postämtern und Tabakläden *(estancos)* erhältlich, die Sie an der Aufschrift „Tabacos" erkennen.

PREISE

Obgleich das Einkommensniveau deutlich unter dem in Deutschland liegt und Sozialleistungen kaum eine Rolle spielen, sind die Lebenshaltungskosten in Spanien in etwa gleich. Benzin, öffentlicher Verkehr und Dienstleistungen sind allerdings preiswerter als in Deutschland, Österreich oder der Schweiz, ebenso ein Glas Wein und ein Häppchen in der Bar. Die Eintrittspreise in Sehenswürdigkeiten und Museen liegen meist bei 2,50–4 Euro, Aqua- und Freizeitparks langen hingegen übermäßig zu.

STROM

Die Netzspannung beträgt auch in Spanien 230 Volt, Steckeradapter sind nicht erforderlich.

TAXI

Ein Heranwinken an der Straße ist nicht üblich, dafür gibt es Taxistände bzw. telefonische Bestellung. Das Taxifahren ist günstig, Anhaltspunkt: ca. 1 Euro/km zuzüglich Grundgebühr.

TELEFON & HANDY

Bei Auslandsgesprächen wählt man die Vorwahl 00, dann die Landeskennzahl (Deutschland 49, Österreich 43, Schweiz 41), die Ortsvorwahl ohne die Null und die Teilnehmernummer. Die Vorwahl nach Spanien ist 0034, danach wählen Sie die komplette Rufnummer. Innerhalb Spaniens ist keine Ortsvorwahl erforderlich.

Öffentliche Telefonzellen benutzt man am besten mit einer Telefonkarte *(tarjeta telefónica)*, erhältlich für 5 oder 10 Euro in Tabakläden. Handys sind komplikationslos benutzbar und suchen sich automatisch den frequenzstärksten Netzbetreiber. Telefonläden verkaufen spanische Prepaidkarten *(tarjeta prepagada)*, mit denen Sie Roaminggebühren sparen. Teure „Servicenummern" beginnen in Spanien mit 901 oder 902, Handynummern mit 6.

TRINKGELD

Im Restaurant geben zufriedene Gäste fünf bis zehn Prozent des Rechnungsbetrags, in Bars und Cafés rundet man den Betrag allenfalls ein wenig auf. Das Zimmerpersonal im Hotel wird sich über 1 Euro pro Tag freuen.

UNTERKUNFT

Die Auswahl reicht von der einfachen Pension *(pensión;* noch schlichter ist eine *fonda)* über den Gasthof *(hostal)* bis zu Hotels, die mit einem bis fünf Sternen klassifiziert sind. Eine gute Übersicht über Campingplätze bietet die Website *vayacamping.net.* Landhotels und Design-hotels in der Stadt vermittelt die Kette *Rusticae (www.rusticae.es).* Tipps zu Unterkünften auf dem Land *(turismo rural)* finden Sie auf *raar.es,* zu Landhäusern in der Bergregion Alpujarra u. a. auf *www.turismoalpujarra.com.* Spanische Hotelketten wie *Barceló (www.barcelo.com)* und *NH (www.nh-hotels.com)* bedienen gehobene Ansprüche.

Die Unterkunftpreise verstehen sich in Spanien meist ohne Frühstück, nur vereinzelt schließen Hotels das Frühstück ein. Falls nicht, ist man preiswerter und meist auch besser in einer Bar oder einem Café nebenan aufgehoben. Achtung: Gelegentlich ist auch die Mehrwertsteuer IVA noch nicht eingerechnet.

ZOLL

Innerhalb der EU dürfen alle Waren für den persönlichen Gebrauch frei ein- und ausgeführt werden. Richtwerte hierfür sind u. a. 800 Zigaretten und 10 l Spirituosen. Für Schweizer gelten erheblich geringere Freimengen, u. a. 2 l Wein und 1 l Spirituosen.

WETTER IN MÁLAGA

	Jan.	Feb.	März	April	Mai	Juni	Juli	Aug.	Sept.	Okt.	Nov.	Dez.
Tagestemperaturen in °C	16	17	18	21	23	27	29	29	27	23	19	17
Nachttemperaturen in °C	8	9	11	13	16	19	21	22	20	16	12	9
Sonnenschein Stunden/Tag	6	6	6	8	10	11	11	11	9	7	6	5
Niederschlag Tage/Monat	5	5	6	3	2	1	0	0	2	4	6	5
Wassertemperaturen in °C	15	14	14	15	17	18	21	22	21	19	17	16

SPRACHFÜHRER SPANISCH

AUSSPRACHE

c	vor „e" und „i" stimmloser Lispellaut wie englisches „th"
ch	stimmloses „tsch" wie in „tschüss"
g	vor „e, i" wie deutsches „ch" in „Bach"
gue, gui/que, qui	das „u" ist stumm, wie deutsches „ge", „gi"/„ke", „ki"
j	immer wie deutsches „ch" in „Bach"
ll, y	wie deutsches „j"
ñ	wie deutsches „nj"

AUF EINEN BLICK

ja/nein/vielleicht	sí/no/quizás
bitte/danke	por favor/gracias
Hallo!/Auf Wiedersehen!/Tschüss!	¡Hola!/¡Adiós!/¡Hasta luego!
Gute(n) Morgen!/Tag!/Abend!/Nacht!	¡Buenos días!/¡Buenos días!/¡Buenas tardes!/¡Buenas noches!
Entschuldige!/Entschuldigen Sie!	¡Perdona!/¡Perdone!
Darf ich ...?	¿Puedo ...?
Wie bitte?	¿Cómo dice?
Ich heiße ...	Me llamo ...
Wie heißen Sie?/Wie heißt Du?	¿Cómo se llama usted?/¿Cómo te llamas?
Ich komme aus ...	Soy de ...
Deutschland/Österreich/Schweiz	Alemania/Austria/Suiza
Ich möchte .../Haben Sie ...?	Querría .../¿Tiene usted ...?
Wie viel kostet ...?	¿Cuánto cuesta ...?
Das gefällt mir (nicht).	Esto (no) me gusta.
gut/schlecht	bien/mal
kaputt/funktioniert nicht	roto/no funciona
zu viel/viel/wenig/alles/nichts	demasiado/mucho/poco/todo/nada
Hilfe!/Achtung!/Vorsicht!	¡Socorro!/¡Atención!/¡Cuidado!
Krankenwagen/Polizei/Feuerwehr	ambulancia/policía/bomberos
Darf ich hier fotografieren?	¿Podría fotografiar aquí?

DATUMS- & ZEITANGABEN

Montag/Dienstag/Mittwoch	lunes/martes/miércoles
Donnerstag/Freitag/Samstag	jueves/viernes/sábado
Sonntag/Werktag/Feiertag	domingo/laborable/festivo

¿Hablas español?

„Sprichst du Spanisch?" Dieser Sprachführer hilft Ihnen, die wichtigsten Wörter und Sätze auf Spanisch zu sagen

heute/morgen/gestern	hoy/mañana/ayer
Stunde/Minute/Sekunde/Augenblick	hora/minuto/segundo/momento
Tag/Nacht/Woche/Monat/Jahr	día/noche/semana/mes/año
jetzt/sofort/früher/später	ahora/enseguida/antes/después
Wie viel Uhr ist es?	¿Qué hora es?
Es ist drei Uhr./Es ist halb vier.	Son las tres./Son las tres y media.
Viertel vor vier/Viertel nach vier	cuatro menos cuarto/ cuatro y cuarto

UNTERWEGS

offen/geschlossen/Öffnungszeiten	abierto/cerrado/horario
Eingang/Einfahrt/Ausgang/Ausfahrt	entrada/acceso/salida/salida
Abfahrt/Abflug/Ankunft	salida/salida/llegada
Toiletten/Damen/Herren	aseos/señoras/caballeros
frei/besetzt	libre/ocupado
(kein) Trinkwasser	agua (no) potable
Wo ist ...? / Wo sind ...?	¿Dónde está ...? /¿Dónde están ...?
links/rechts	izquierda/derecha
geradeaus/zurück	recto/atrás
nah/weit	cerca/lejos
Ampel/Ecke/Kreuzung	semáforo/esquina/cruce
Bus/Straßenbahn/U-Bahn/Taxi	autobús/tranvía/metro/taxi
Haltestelle/Taxistand	parada/parada de taxis
Parkplatz/Parkhaus	parking/garaje
Stadtplan/(Land-)Karte	plano de la ciudad/mapa
Bahnhof/Hafen/Flughafen	estación/puerto/aeropuerto
Fähre/Anleger	transbordador/muelle
Fahrplan/Fahrschein/Zuschlag	horario/billete/suplemento
einfach/hin und zurück	sencillo/ida y vuelta
Zug/Gleis/Bahnsteig	tren/vía/andén
Verspätung/Streik	retraso/huelga
Ich möchte ... mieten	Querría ... alquilar
ein Auto/ein Fahrrad/ein Boot	un coche/una bicicleta/un barco
Tankstelle/Benzin/Diesel	gasolinera/gasolina/diesel
Panne/Werkstatt	avería/taller

ESSEN & TRINKEN

Reservieren Sie uns bitte für heute Abend einen Tisch für vier Personen.	Resérvenos, por favor, una mesa para cuatro personas para hoy por la noche.
auf der Terrasse/am Fenster	en la terraza/junto a la ventana
Die Speisekarte, bitte!	¡El menú, por favor!

Könnten Sie mir bitte ... bringen?	¿Podría traerme ... por favor?
Flasche/Karaffe/Glas	botella/jarra/vaso
Messer/Gabel/Löffel	cuchillo/tenedor/cuchara
Salz/Pfeffer/Zucker	sal/pimienta/azúcar
Essig/Öl/Milch/Zitrone	vinagre/aceite/leche/limón
kalt/versalzen/nicht gar	frío/demasiado salado/sin hacer
mit/ohne Eis/Kohlensäure	con/sin hielo/gas
Vegetarier/Vegetarierin/Allergie	vegetariano/vegetariana/alergía
Ich möchte zahlen, bitte.	Querría pagar, por favor.
Rechnung/Quittung/Trinkgeld	cuenta/recibo/propina

EINKAUFEN

Apotheke/Drogerie	farmacia/droguería
Bäckerei/Markt	panadería/mercado
Metzgerei/Fischgeschäft	carnicería/pescadería
Einkaufszentrum/Kaufhaus	centro comercial/grandes almacenes
Geschäft/Supermarkt/Kiosk	tienda/supermercado/quiosco
100 Gramm/1 Kilo	cien gramos/un kilo
teuer/billig/Preis	caro/barato/precio
mehr/weniger	más/menos
aus biologischem Anbau	de cultivo ecológico

ÜBERNACHTEN

Ich habe ein Zimmer reserviert.	He reservado una habitación.
Haben Sie noch ...?	¿Tiene todavía ...?
Einzelzimmer/Doppelzimmer	habitación individual/habitación doble
Frühstück/Halbpension/Vollpension	desayuno/media pensión/pensión completa
nach vorne/zum Meer/zum Garten	hacia delante/hacia el mar/hacia el jardín
Dusche/Bad	ducha/baño
Balkon/Terrasse	balcón/terraza
Schlüssel/Zimmerkarte	llave/tarjeta
Gepäck/Koffer/Tasche	equipaje/maleta/bolso
Schwimmbad/Spa/Sauna	piscina/spa/sauna
Seife/Toilettenpapier/Windel	jabón/papel higiénico/pañal
Babybett/Kinderstuhl/wickeln	cuna/trona/cambiar los pañales
Anzahlung/Kaution	anticipo/caución

BANKEN & GELD

Bank/Geldautomat/Geheimzahl	banco/cajero automático/número secreto
bar/Kreditkarte	en efectivo/tarjeta de crédito
Banknote/Münze/Wechselgeld	billete/moneda/cambio

SPRACHFÜHRER

GESUNDHEIT

Arzt/Zahnarzt/Kinderarzt	médico/dentista/pediatra
Krankenhaus/Notfallpraxis	hospital/urgencias
Fieber/Schmerzen/entzündet/verletzt	fiebre/dolor/inflamado/herido
Durchfall/Übelkeit/Sonnenbrand	diarrea/náusea/quemadura de sol
Pflaster/Verband/Salbe/Creme	tirita/vendaje/pomada/crema
Schmerzmittel/Tablette/Zäpfchen	calmante/comprimido/supositorio

TELEKOMMUNIKATION & MEDIEN

Briefmarke/Brief/Postkarte	sello/carta/postal
Ich brauche eine Telefonkarte.	Necesito una tarjeta telefónica.
Ich suche eine Prepaidkarte für mein Handy.	Busco una tarjeta prepago para mi móvil.
Wo finde ich einen Internetzugang?	¿Dónde encuentro un acceso a internet?
wählen/Verbindung/besetzt	marcar/conexión/ocupado
Steckdose/Adapter/Ladegerät	enchufe/adaptador/cargador
Computer/Batterie/Akku	ordenador/batería/batería recargable
E-Mail(-Adresse)/At-Zeichen	(dirección de) correo electrónico/arroba
Internetadresse (URL)	dirección de internet
Internetanschluss/WLAN	conexión a internet/wifi
Datei/ausdrucken	archivo/imprimir

FREIZEIT, SPORT & STRAND

Strand/Sonnenschirm/Liegestuhl	playa/sombrilla/tumbona
Seilbahn/Sessellift	funicular/telesilla

ZAHLEN

0	cero	15	quince
1	un, uno, una	16	dieciséis
2	dos	17	diecisiete
3	tres	18	dieciocho
4	cuatro	19	diecinueve
5	cinco	20	veinte
6	seis	21	veintiuno
7	siete	50	cincuenta
8	ocho	100	cien, ciento
9	nueve	200	doscientos, doscientas
10	diez	1000	mil
11	once	2000	dos mil
12	doce	10 000	diez mil
13	trece	1/2	medio
14	catorce	1/4	un cuarto

REISEATLAS

Die grüne Linie ▬▬ zeichnet den Verlauf der Ausflüge & Touren nach
Die blaue Linie ▬▬ zeichnet den Verlauf der Perfekten Route nach

Der Gesamtverlauf aller Touren ist auch in
der herausnehmbaren Faltkarte eingetragen

Bild: Frigiliana

Plaza Montaña

D **E** C. G. Salazar **F**

Plaza de la Victoria

Maribianca

Calle de los Frailes

C. Cobertizo Conde

C. Lagunillas

Plaza de S. Pedro de Alcántara

Teatro Cervantes

Calle Dos Aceras

Calle

Calle Madre de Dios

C. Rodr Ramos

Martínez

Puerta Nueva

Patio

Calle

de Dios

C. Huerto del Conde

Plaza del Teatro

C. Alamos

an Julián

Casa Natal Picasso

Calle Victoria

1

C. Méndez

Comedias

Palacio de Condes Navas

Calle de las Beatas

Monumento Torrijos

Plaza de Unicbay

C. l. de

Núñez

Plaza de la Merced

Monte de Gibralfaro

tivos

rtires

del ulado

Granada

M. de Bellas Artes

Iglesia de Santiago

Plaza del Siglo

Museo Picasso

Casa de la Cultura

Castillo de Gibralfaro

Pasaje Chinitas

Lario

C. S. Agustín

San Agustín

Calle Alcazaba

Teatro Romano

Alcazaba

ión

2

C. Salinas

Calle Cister

El Sagrario

Casa de Pedro de Mena

Mus. de la Cofradía de los Estudiantes

Museo Arqueológico

Parador Nacional de Gibralfaro

Subida a la Coracha

C. S. Strachan

Molina

Catedral

Postigo Arbades

Palacio de Villalcázar

Calle Guillén Sotelo

Gobierno Civil

Ayuntamiento

Fuente Genovesa

Paseo de Reding

Calle Cortina del Muelle

Antigua Aduana

Avenida Cervantes

Plaza del General Torrijos

Plaza de Toros

Sancha de Lara

Diputación

Plaza tivo de la sica Marina

Paseo del Parque

Jardín

Subtropical

Calle Maestranza

Av. Cánovas del Castillo

3

Paseo de España

Paseo de los Curas

Estatua al Cenachero

Nicolás

Farola

Estación de Autobuses

Muelle de Guadiaro N° 2

Dársena de Guadiaro

la San de

LA MALAGUETA

4

Estación Marítima

Muelle N° 1

Paseo

Calle

Paseo Mtmo. Ciudad de Melilla

ia

sena eredia

Club Náutico

Farola

5

Mar Mediterráneo

oledo N° 6

Dique Transversal Oeste

Morro de Levante

6

Puerto Pesquero

Melilla, Ceuta

Málaga

300 m

de Poniente

131

KARTENLEGENDE

Autobahn mit Anschlussstellen Motorway with junctions	
Autobahn in Bau Motorway under construction	
Mautstelle Toll station	
Raststätte mit Übernachtung Roadside restaurant and hotel	
Raststätte Roadside restaurant	
Tankstelle Filling-station	
Autobahnähnliche Schnell- straße mit Anschlussstelle Dual carriage-way with motorway characteristics with junction	
Fernverkehrsstraße Trunk road	
Durchgangsstraße Thoroughfare	
Wichtige Hauptstraße Important main road	
Hauptstraße Main road	
Nebenstraße Secondary road	
Eisenbahn Railway	
Autozug-Terminal Car-loading terminal	
Zahnradbahn Mountain railway	
Kabinenschwebebahn Aerial cableway	
Eisenbahnfähre Railway ferry	
Autofähre Car ferry	
Schifffahrtslinie Shipping route	
Landschaftlich besonders schöne Strecke Route with beautiful scenery	
Touristenstraße Tourist route	Alleenstr.
Wintersperre Closure in winter	XI-V
Straße für Kfz gesperrt Road closed to motor traffic	x x x x x
Bedeutende Steigungen Important gradients	8%
Für Wohnwagen nicht empfehlenswert Not recommended for caravans	
Für Wohnwagen gesperrt Closed for caravans	
Besonders schöner Ausblick Important panoramic view	

Wartenstein *Umbalfälle* Sehenswert: Kultur - Natur Of interest: culture - nature	
Badestrand Bathing beach	
Nationalpark, Naturpark National park, nature park	
Sperrgebiet Prohibited area	
Kirche Church	
Kloster Monastery	
Schloss, Burg Palace, castle	
Moschee Mosque	
Ruinen Ruins	
Leuchtturm Lighthouse	
Turm Tower	
Höhle Cave	
Ausgrabungsstätte Archaeological excavation	
Jugendherberge Youth hostel	
Allein stehendes Hotel Isolated hotel	
Berghütte Refuge	
Campingplatz Camping site	
Flughafen Airport	
Regionalflughafen Regional airport	
Flugplatz Airfield	
Staatsgrenze National boundary	
Verwaltungsgrenze Administrative boundary	
Grenzkontrollstelle Check-point	
Grenzkontrollstelle mit Beschränkung Check-point with restrictions	
ROMA Hauptstadt Capital	
<u>VENÉZIA</u> Verwaltungssitz Seat of the administration	
Ausflüge & Touren Trips & Tours	
Perfekte Route Perfect route	
MARCO POLO Highlight MARCO POLO Highlight	

ALLE **MARCO POLO** REISEFÜHRER

REGISTER

Im Register sind alle in diesem Reiseführer erwähnten Orte, Ausflugsziele und außerorts gelegenen Strände sowie alle Sehenswürdigkeiten und Museen in Granada verzeichnet. Gefettete Seitenzahlen verweisen auf den Haupteintrag.

SCHREIBEN SIE UNS!

SMS-Hotline: 0163 6 39 50 20

E-Mail: info@marcopolo.de

Egal, was Ihnen Tolles im Urlaub begegnet oder Ihnen auf der Seele brennt, lassen Sie es uns wissen! Ob Lob, Kritik oder Ihr ganz persönlicher Tipp – die MARCO POLO Redaktion freut sich auf Ihre Infos.
Wir setzen alles dran, Ihnen möglichst aktuelle Informationen mit auf die Reise zu geben. Dennoch schleichen sich manchmal Fehler ein – trotz gründ-

licher Recherche unserer Autoren/innen. Sie haben sicherlich Verständnis, dass der Verlag dafür keine Haftung übernehmen kann. Kontaktieren Sie uns per SMS, E-Mail oder Post!

MARCO POLO Redaktion
MAIRDUMONT
Postfach 31 51
73751 Ostfildern

IMPRESSUM
Titelbild: Nerja (Look: age fotostock)
Fotos: BioNatura (16 o.); A. Drouve (1 u.); DuMont Bildarchiv: Gonzalez (Klappe l., 2 M. u., 20, 32/33, 63); FIND DE LUXE VINTAGE (17 o.); R. Gerth (108 o.); Huber: Gräfenhain (3 o., 64/65, 122/123), Ripani (7, 50), Schmid (34), Stadler (2 u., 44/45); ©iStockphoto.com: Shaun Dodds (17 u.); Laif: Gonzalez (3 u., 26 l., 28, 28/29, 29, 53, 57, 59, 60, 84, 91, 92/93, 94, 98/99, 106/107, 107, 109), Modrow (18/19), Tophoven (15, 22, 24/25, 96, 101); Laif/Hemis.fr: Gardel (54); Look: age fotostock (Klappe r., 1 o., 3 M., 30 r., 39, 42/43, 71, 80/81, 87), Pompe (12/13), Richter (40), Stumpe (69); R. Lueger (2 M. o., 6, 76); mauritius images: Alamy (2 o., 4, 5, 9, 10/11, 26 r., 27, 30 l., 37, 74, 82, 89, 97, 102/103, 105, 108 u.), Mattes (8); Ociosport Eventos y Aventuras S. L. (16 M.); Purobeach (16 u.); D. Renckhoff (49, 66); K. Thiele (46, 79); H. Wagner (106); White Star: Gumm (73); T. P. Widmann (104)

9., komplett neu erstellte Auflage 2013
© MAIRDUMONT GmbH & Co. KG, Ostfildern
Chefredaktion: Michaela Lienemann (Konzept, Chefin vom Dienst), Marion Zorn (Konzept, Textchefin)
Autor: Andreas Drouve; Redaktion: Nikolai Michaelis
Verlagsredaktion: Anita Dahlinger, Ann-Katrin Kutzner, Nikolai Michaelis
Bildredaktion: Gabriele Forst; Im Trend: wunder media, München
Kartografie Reiseatlas: © MAIRDUMONT, Ostfildern; Kartografie Faltkarte: © MAIRDUMONT, Ostfildern
Innengestaltung: milchhof: atelier, Berlin; Titel, S. 1, Titel Faltkarte: factor product münchen
Sprachführer: in Zusammenarbeit mit Ernst Klett Sprachen GmbH, Stuttgart, Redaktion PONS Wörterbücher
Das Werk einschließlich aller seiner Teile ist urheberrechtlich geschützt. Jede urheberrechtsrelevante Verwertung ist ohne Zustimmung des Verlags unzulässig und strafbar. Das gilt insbesondere für Vervielfältigungen, Übersetzungen, Nachahmungen, Mikroverfilmungen und die Einspeicherung und Verarbeitung in elektronischen Systemen.
Printed in Germany. Gedruckt auf 100% chlorfrei gebleichtem Papier

BLOSS NICHT

Wie Sie Ärger und Fettnäpfchen vermeiden

UNACHTSAM DURCH DEN KREISVERKEHR

Im Straßenverkehr ist der Kreisverkehr ein echter Konfliktpunkt. Einheimische scheren gerne von der Innen- (also der Überhol-) über die Außenspur nach rechts in die nächste Ausfahrt. Ohne Rücksicht, ohne Blinker. Es gilt, höllisch aufzupassen.

ZEITANGABEN FÜR BARE MÜNZE NEHMEN

Andalusier lieben es allgemein lässig und machen sich nicht zu Sklaven des Uhrzeigers. Wer sich mit Einheimischen verabredet, muss mentalitätsbedingt mit Verspätungen rechnen. Auch bei Absprachen und Versprechungen ist nicht immer davon auszugehen, dass sie pünktlich (oder überhaupt!) eingehalten werden.

SICH FESTFAHREN

In manchen Bergdörfern im Hinterland verengen sich Gassen plötzlich und ohne Vorankündigung und stellen ungeübte Autofahrer vor Probleme. Am besten, man lässt den Wagen im Unterdorf stehen und geht den Rest zu Fuß – das schont auf jeden Fall die Nerven!

UNBEDARFT ZUM „CLUB"

Das Wörtchen „Club" hört sich unverfänglich nach Sport- oder Nachtclub an. In Spanien bezeichnet „Club" in den meisten Fällen jedoch ein Bordell. Abends blinken „Club"-Lichter an Ausfall- oder Landstraßen.

BEIM FLAMENCO MITKLATSCHEN

Mag manche Show auch noch so kommerziell aufgezogen sein, der Flamenco ist in erster Linie Kunst: der Tanz, die Musik, der ganze Aufzug. Beigaben sind Fingerschnippen und rhythmisches Händeklatschen – aber nur von den Auftretenden! Wer beim Flamenco mitklatscht, begeht einen echten Fauxpas.

ALLZU LEICHTSINNIG SEIN

Überall ist mit Taschendiebstahl zu rechnen, und bei Frauen, die in Städten wie Granada Kräutersträußchen reichen, ist höchste Skepsis angebracht. Bei Dunkelheit meidet man in Granada besser entlegene Ecken im Albaicín und auf dem Sacromonte. Autoknacker treiben überall ihr Unwesen. Es sollte absolut nichts – gar nichts! – sichtbar im Autoinnern bleiben. Selbst kein Kuli, keine Landkarte, keine Sonnenbrille.

PREISE FALSCH EINSCHÄTZEN

Wer vorab gerne alles durchrechnet, muss wissen, dass in manchen Hotels und Restaurants die Preise zunächst ohne die für diese Bereiche relevanten acht Prozent Mehrwertsteuer *(IVA)* angegeben sind. Fragen Sie also im Zweifelsfall lieber vorher nach, ob die Steuer eingerechnet ist *(IVA incluido)* oder nicht.